Lebendige Strichmännchen zeichnen

Danke!

Allen, die mitgeholfen haben, dass dieses Workbook entstehen konnte, danke ich an dieser Stelle ganz herzlich! – Ein besonderer Dank geht an

» den Verleger Jean-Michel Fischer. Ohne seine unternehmerische Dynamik würde das Buch noch immer als Gedanke vor sich hinträumen.

» meine Lektorin Dr. Franziska Klorer. Einfühlsam, kompetent und mit herzlichem Engagement hat sie viel zum Gelingen des Werks beigetragen.

» die Grafikerin Alexandra Wolf. Sie hat mit Offenheit für meine Wünsche, mit großem Einsatz – und ihrem grafischen Zauberstab – Wort und Bild in die richtige Form gebracht.

» Besonders danken möchte ich meiner Lebenspartnerin Verena. Zuständig für die administrativen Belange hat sie meine kreativen Höhenflüge als Bodenpersonal abgesichert und insbesondere auch dafür gesorgt, dass der Küchenwagen nicht auf der Strecke blieb. Zudem habe ich dank ihrem wachen Auge manch wertvollen Hinweis für das Buch bekommen.

» Ein großer Dank geht an die zahlreichen Schülerinnen und Schüler, die sich in den rund zehn Jahren seit Erscheinen des ersten Buchs ins Strichmännchen-Land gewagt haben. Erst durch die vielen Erfahrungen, die ich dank ihnen sammeln konnte, wurde dieses Buch zu einem praxisnahen Workbook.

» Schließlich danke ich auch dir, dass du dieses Buch aufgeschlagen hast und es durch dein Interesse erst zum Leben erweckst. Ich hoffe und wünsche dir, dass du dich von ihm entführen lässt auf eine spannende Reise ins faszinierende Land des Zeichnens!

Matto

Lebendige Strichmännchen zeichnen

Das Workbook

EMF

Ein Buch der Edition Michael Fischer

INHALT

STRICHMÄNNCHEN DE LUXE 50

STRICHMÄNNCHEN IN AKTION! 70

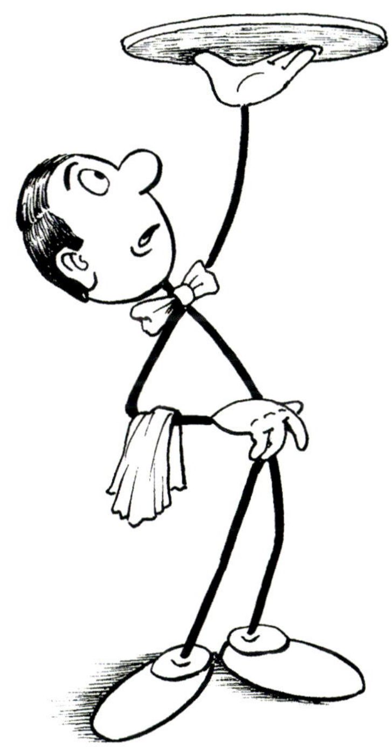

VORWORT

» ZEICHNEN – DIE VERGESSENE KUNST

Die meisten hören in der Kindheit auf zu zeichnen. Während wir die „nützlichen" Dinge wie Lesen, Schreiben und Rechnen lernen und eine beachtliche Fertigkeit darin erlangen, bleibt das Zeichnen auf der Strecke. Wie könnte es auch anders sein, wenn Eltern und Lehrpersonen dies selbst nicht können? So kommt es, dass die meisten Erwachsenen sagen: „Ich kann nicht zeichnen."

Zeichnen ist eine Form von Ausdruck wie Sprechen, Singen und Tanzen. Zeichnen ist Kommunikation – und Kommunikation ist Leben! Wer zeichnet, wird sich bewusst, dass es außer Produzieren und Konsumieren auch noch das Kreieren gibt – etwas aus sich heraus zu schöpfen. Wer zeichnet, spürt das Leben in sich – und bringt es auf eine ganz eigene Art zum Ausdruck. Das ist Glück!

» MUT UND HUMOR

Als erwachsener Mensch zum Stift zu greifen und mit dem Zeichnen dort zu beginnen, wo das Kind aufgehört hat, das braucht Mut – und eine gehörige Portion Humor! Mut für die ersten Schritte – die bekanntlich die schwierigsten sind – und Humor, um über die Fehler lachen zu können, die unvermeidlich sind. Dieses Buch hilft beidem: Dem Mut, weil es stufenweise von einem Erfolg zum nächsten führt, und dem Humor, weil du gleich auf der ersten Stufe „Fehler" machen und herzhaft darüber lachen darfst!

» KOPF – HERZ – HAND

Strichmännchen sind „Minimax-Figuren": Minimale Striche – maximaler Ausdruck. Sie machen schnell erste Erfolge möglich und empfangen dich auf eine humorvolle Weise im Reich des Zeichnens. Gut möglich, dass es dir bei den Strichmännchen so gut gefällt, dass du eine ganze Weile dort bleibst, weil du merkst, wie viel da drinsteckt: Strichmännchen-Zeichnen kann eine Kunst sein! – Und vielleicht erwacht die Lust an weiteren Entdeckungsreisen mit dem Zeichenstift. Wie auch immer: Du hast das Zeichnen für dich zurückerobert! Mit Freude erlebst du, wie der überaus fleißige Kopf etwas zur Ruhe kommt, weil nun die Hand und das Herz auch mitspielen.

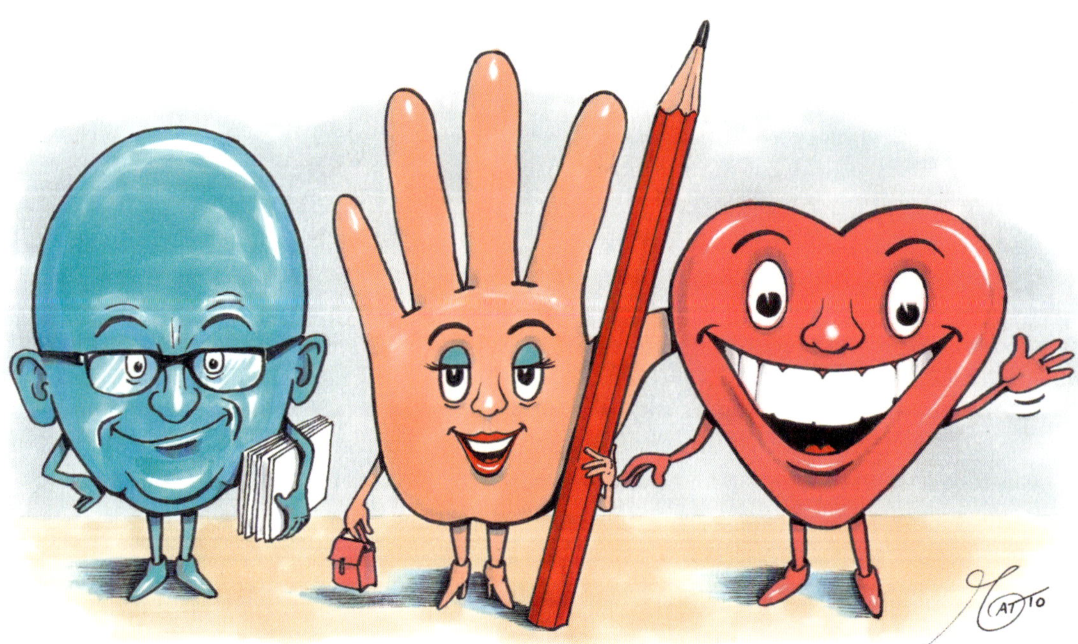

DAS STRICHMÄNNCHEN-DORF

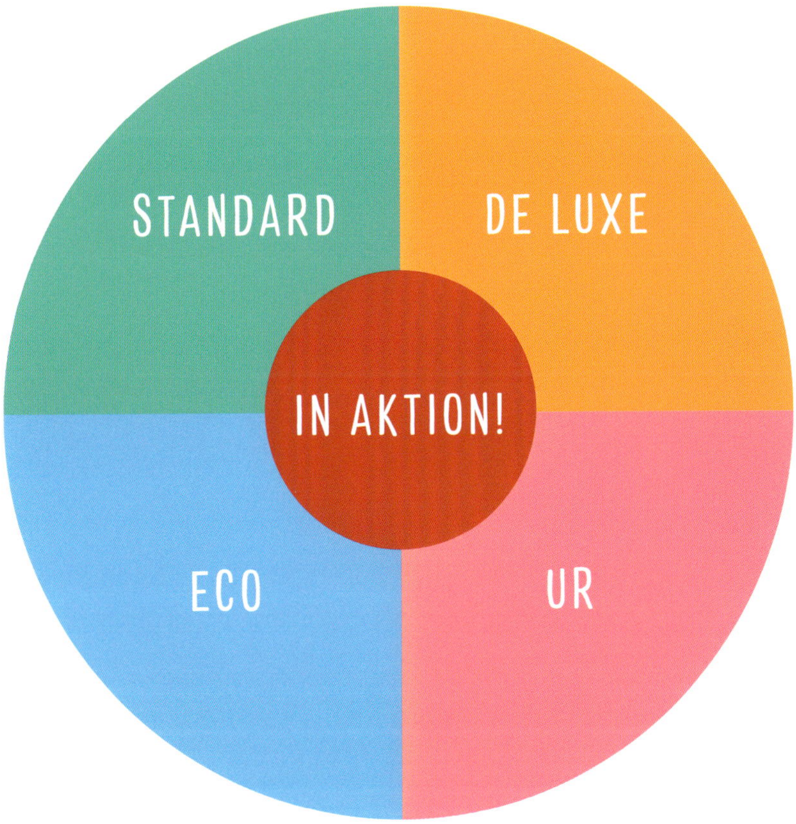

Das Zuhause der Strichmännchen ist vergleichbar mit dem Dorf der unbeugsamen Gallier Asterix und Obelix. Mit dem Unterschied, dass es nicht von einem bedrohlichen römischen Imperium, sondern vom friedlichen Reich des Zeichnens umgeben ist. Vier Gruppen wohnen einträchtig in diesem Dorf zusammen: Die schräge und fröhliche Familie „Ur", die etwas einfach gestrickten „Economys", die rechtschaffenen „Standards" und die vornehmen „de Luxes". Du lernst sie alle in diesem Buch kennen!

Bei Asterix und Obelix endet die Geschichte jeweils mit einem großen Festessen auf dem Dorfplatz. Die Strichmännchen dagegen versammeln sich zum Feiern auf dem roten Kreis in der Mitte. Das ist das letzte Kapitel in diesem Buch, wenn es heißt: „Strichmännchen in Aktion!" Happy End und Anfang zugleich: Von da gehen sie in die Welt hinaus! Egal, ob Ur, Economy, Standard oder de Luxe. Freude können sie alle machen!

Die Treppe

» FÜNF STUFEN – JEDE EIN ERFOLG!

Die Entwicklung eines Strichmännchens wird hier mit einer Treppe symbolisch dargestellt. Jede einzelne Stufe ist in diesem Buch beschrieben. Am Ende des Kapitels sind jeweils einige Aufgaben zu lösen. Dabei findest du heraus, ob du dich bereits sicher fühlst. Wenn du merkst, dass die Stufe wackelt, ist es eine gute Idee, noch etwas zu üben, bevor du die nächste anpackst. Jede Stufe baut auf der anderen auf. Ein gut gezeichnetes, richtig lebendiges „Standard"-Strichmännchen ist einem dürftigen „de Luxe" immer eine Knollennase voraus!

Lass dir ruhig Zeit. Die Treppe zeigt lediglich die Möglichkeiten eines Strichmännchens auf – gewissermaßen die Karriereleiter. Doch wäre es absurd anzunehmen, dass nur in der „Chefetage" gearbeitet wird!

Auch wenn ein „Economy" sparsam ausgestattet ist, kannst du es dennoch bereits mit deinen Ideen losschicken! Das ist die Spielregel im Strichmännchen-Dorf: Alle vier Gruppen dürfen „in Aktion!" treten – selbst die Ur-Strichmännchen. Es gibt also keinen Grund zu warten, bis du die fröhlichen Botschafter in die Welt hinausschickst!

Im Übrigen musst du für die Strichmännchen keine großen zeichnerische Fähigkeiten mitbringen. Das Einzige, was du brauchst, ist Freude am „Tanz mit dem Stift". So wirst du gerne üben, und dieses Buch führt dich Schritt für Schritt zum Erfolg!

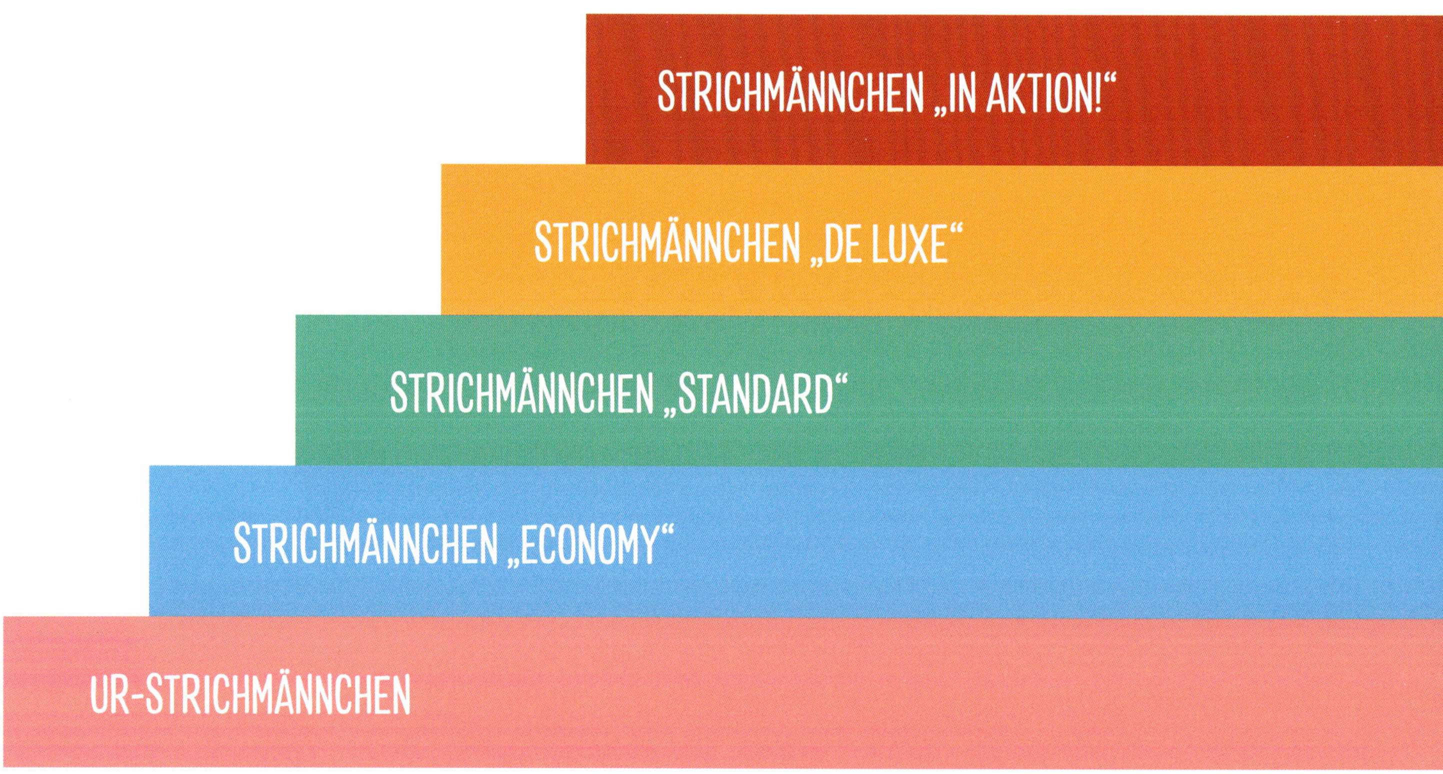

Zeichnen

MACH DEN STIFT ZU DEINEM FREUND!

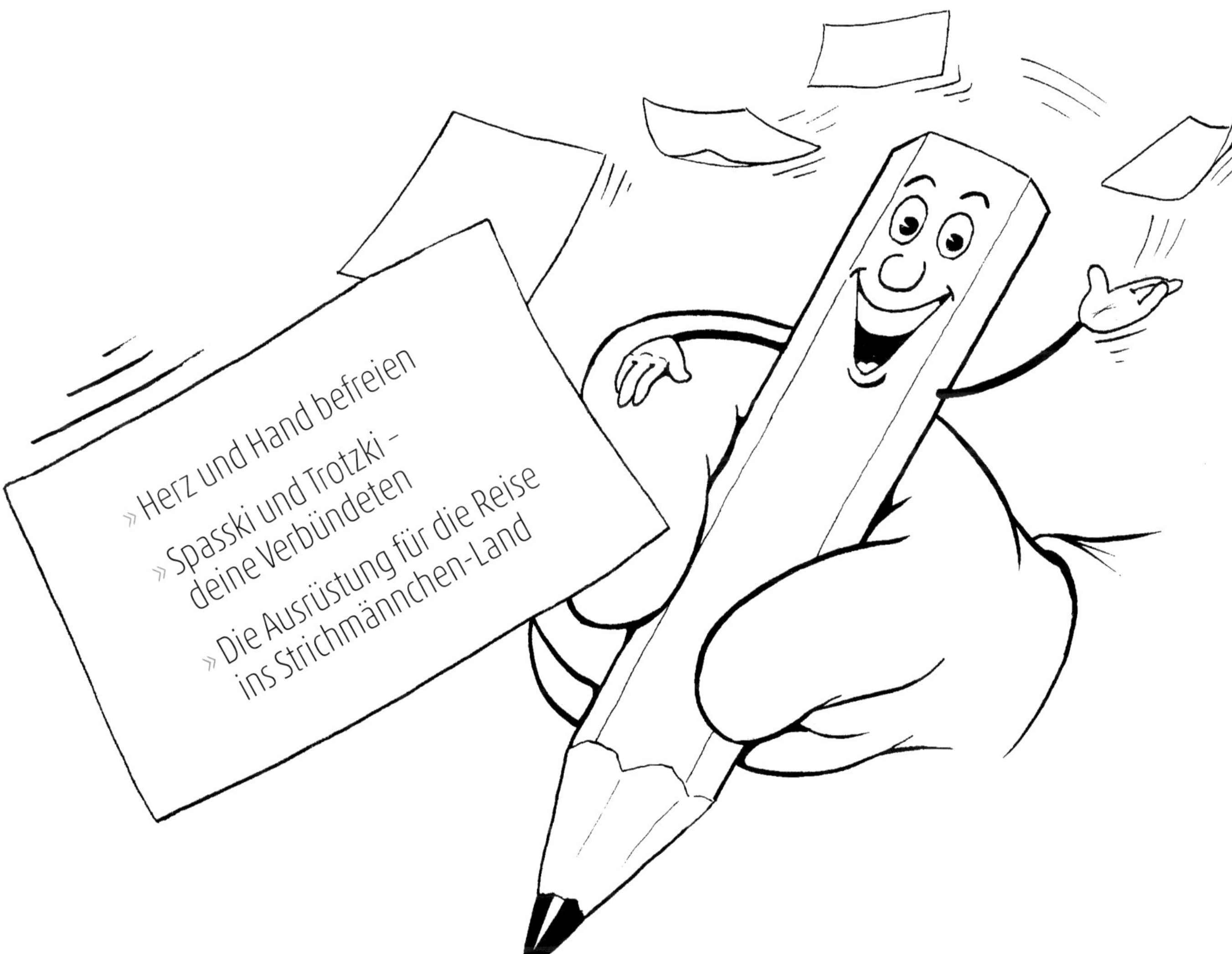

DER TANZ MIT DEM STIFT

» WECK DAS KIND IN DIR!

Wenn kleine Kinder zeichnen, machen sie sich keine Gedanken über „richtig" oder „falsch". Sie zeichnen einfach, weil sie damit ihre Ideen ausdrücken wollen. Dadurch haben ihre Zeichnungen oft eine ganz eigene und starke Ausdruckskraft. Dann kommt die Schule und damit der Vergleich mit anderen, die es „besser können", sowie ungeschickte oder gar abwertende Kommentare. Vorbei ist es mit der kindlichen Freude – und meist mit dem Zeichnen überhaupt!

Nun willst du als erwachsener Mensch wieder zum Stift greifen, weil du Lust dazu verspürst und ein verborgenes Talent sich leise meldet. Du kaufst vielleicht ein Buch als Anleitung oder machst einen Kurs. Du gibst dir Mühe, die Dinge richtig zu zeichnen. Doch es will nicht so recht gelingen. Warum? Weil die einst verlorene Freude noch immer schläft. Der Verstand hat sich des Zeichnens bemächtigt und lässt es – wie alles andere im Leben – nach seiner Pfeife tanzen. Das heißt: Leistung bringen. Fehler machen verboten!

Natürlich ist nichts gegen gute Leistungen einzuwenden. Schließlich will auch dieses Buch dazu anleiten. Aber noch wichtiger ist, dass du die Freude wieder entdeckst! Du darfst dir die „Lizenz zum Fehlermachen" geben. So geht der Druck weg. Erst dann wird das Zeichnen zu einem beschwingten Tanz mit dem Stift. Das Üben wird zur Lust – und aus dem Kampf wird ein Spiel!

Strichmännchen sind wie geschaffen dazu, die Freude am Zeichnen wieder zu wecken. Geradezu Spezialisten dafür sind die Ur-Strichmännchen, die dich im nächsten Kapitel schon freudig erwarten. Doch hüte dich vor dem Verstand! Er gibt seine Herrschaft nicht so leicht auf und wird dich zu überreden versuchen, diese Seiten zu überspringen, weil das Thema „nutzlos", „kindisch" und „lächerlich" sei. Hör nicht auf ihn! Hol lieber das Herz und die Hand von Seite 6 zu Hilfe.

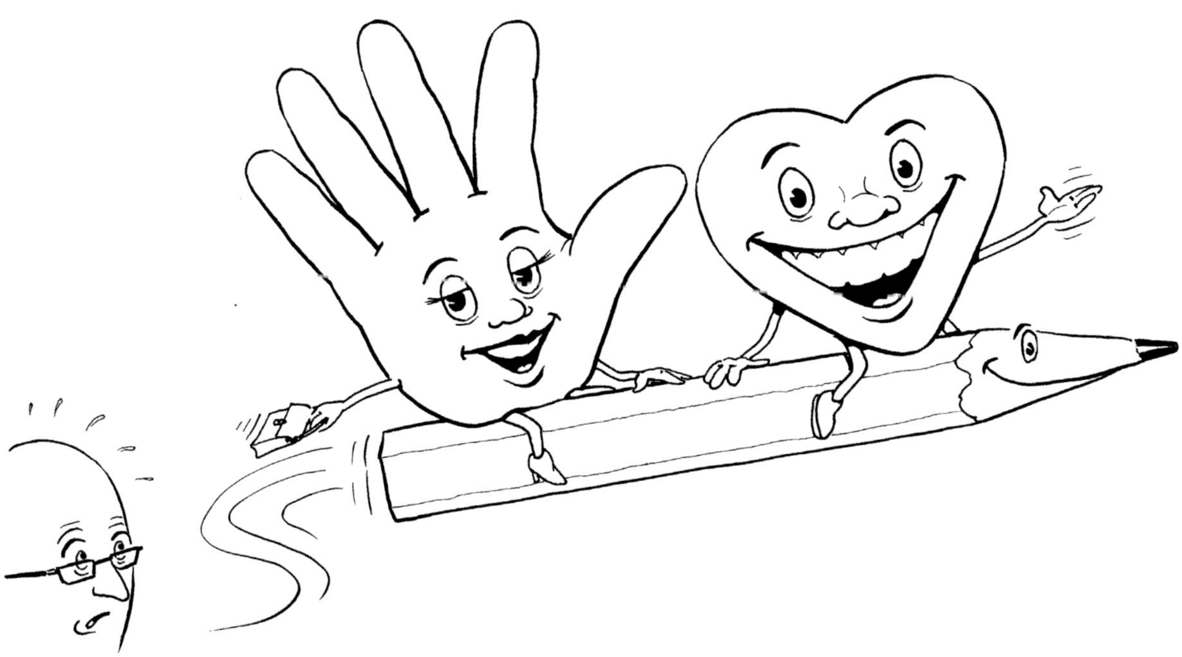

Die Bremse lösen

» SCRIBBLE-FANTASIEN

Mach den Stift zu deinem Freund! Spiel mit ihm – einfach so, ohne etwas Bestimmtes zeichnen zu wollen. Hier ist eine herrliche Methode dafür:

Scribble irgendwelche Striche aufs Papier. Schnell und ohne etwas zu denken! Am besten, ohne dabei aufs Papier zu schauen – und mit der Hand, mit der du normalerweise nicht zeichnest. So entstehen die besten Scribbles. Dann lass dich von dem fröhlichen Chaos zu witzigen und wilden Figuren inspirieren! Spielregel:

Das Scribble wird genauso verarbeitet, wie es ist. Radieren ist nicht gestattet! Striche, die nicht passen, lässt du stehen, um den perfektionistischen Verstand zu ärgern.

Du wirst etwas Überraschendes erleben: Deine Fantasie, die sich vor dem unerbittlichen Verstand gefürchtet hatte, kommt aus ihrem Versteck. Erst zaghaft, dann immer frecher spielt sie auf dem Zeichenpapier mit. Das macht richtig Spaß und lässt sich auch zu zweit oder in einer Gruppe spielen!

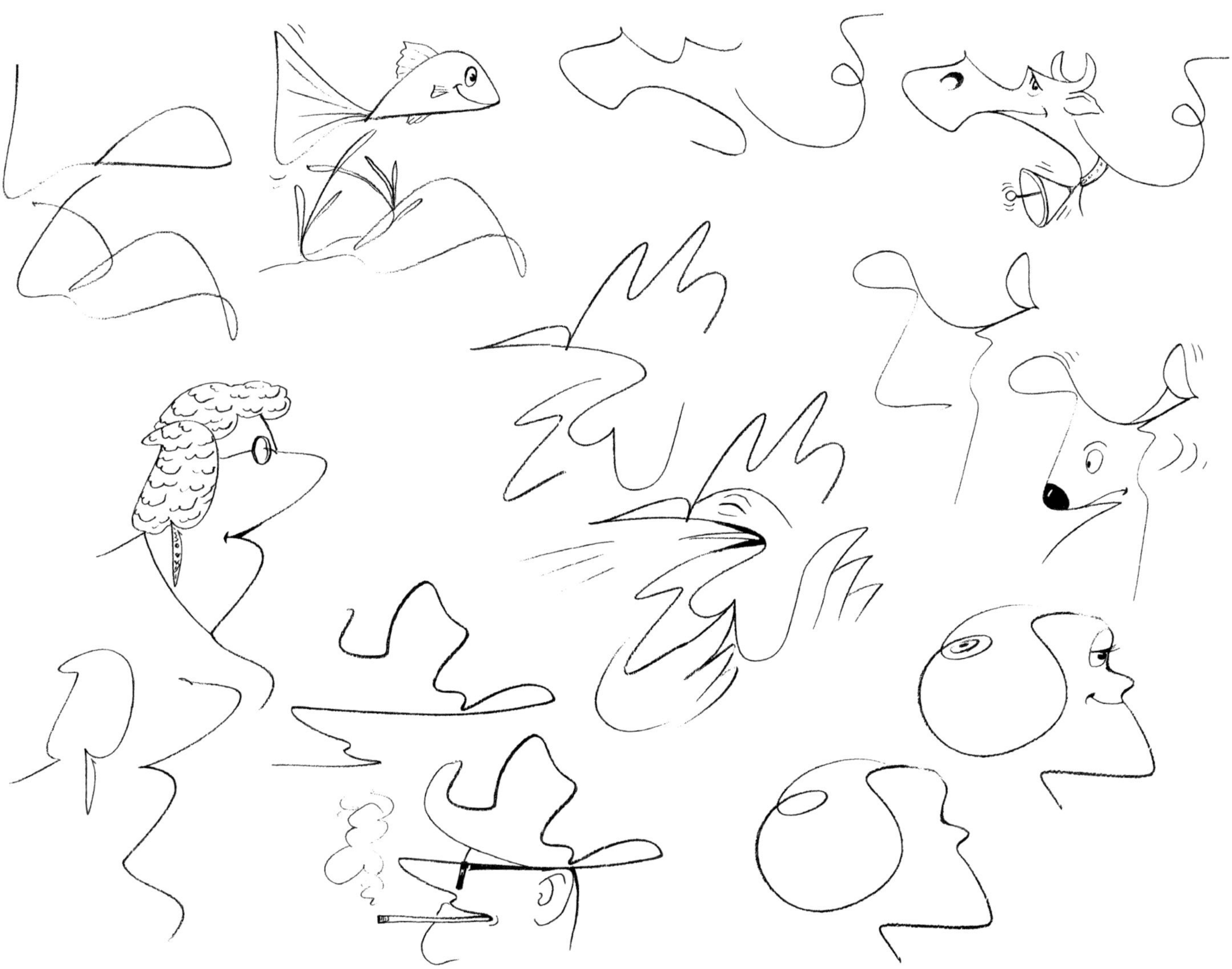

Spasski und Trotzki

„Zwei Seelen wohnen, ach! in meiner Brust …" heißt es in Goethes „Faust". Dasselbe kannst du von dir sagen, wenn du zeichnest. Doch während Goethe von widerstreitenden Seelen spricht, darfst du dich über zwei tüchtige Verbündete freuen, die in dir wohnen. Auf den ersten Blick erscheinen diese auch als „widerstreitende Seelen", denn unterschiedlicher könnten sie kaum sein. Doch wenn du ein guter Coach bist und sie zu einem Team zu formen weißt, sind sie unschlagbar - und eine große Hilfe für dich beim Zeichnen!

Der eine deiner Verbündeten heißt **Spasski**. Er fliegt mit seinem Füllhorn herum, aus dem er dauernd verrückte Ideen ausschüttet. Um diese einzufangen, bedient sich Spasski einer Zeichentechnik, „Scribble" genannt. Das sind Striche, die so schnell aufs Papier gezaubert werden, dass der Verstand gar nicht mitkommt. So entsteht zwar ein Haufen Unsinn – aber auch immer wieder eine wunderbar lebendige Skizze – so genial, wie sie der Verstand nie hätte ausdenken können!

Der andere heißt **Trotzki**. Er ist eher der trockene Typ. Während Spasskis Motto „frei und fröhlich!" ist, heißt Trotzkis Credo „gut und genau!" Das scheint auf den ersten Blick nicht zu harmonieren. Doch das täuscht. Trotzki hat ein gutes Auge für geniale Scribbles, pickt diese heraus und gibt ihnen die richtige Form. Da muss einfach alles stimmen - Proportionen, Perspektive und Details! Sonst gibt sich Trotzki nicht zufrieden. „Erbsenzähler", wird er von Spasski manchmal genannt, doch das kümmert ihn nicht. „Zeichnen ohne Übung, Disziplin und Ausdauer ist nur eine halbe Sache", pflegt er zu sagen.

Da hat er natürlich recht, doch es ist ihm sehr wohl bewusst, dass er allein nie über steife und leblose Figuren hinauskäme. Spasski dagegen würde keine einzige Reinzeichnung, sondern nur eine chaotische Fülle von Scribbles abliefern. Erst ihr Zusammenspiel bringt richtig gelungene Zeichnungen hervor!

Wenn du nun die Reise ins Strichmännchen-Land antrittst, wünsche ich dir ein gutes Händchen im Umgang mit deinen beiden Verbündeten und dass es dir gelingen möge, ein echtes Dreamteam aus ihnen zu bilden!

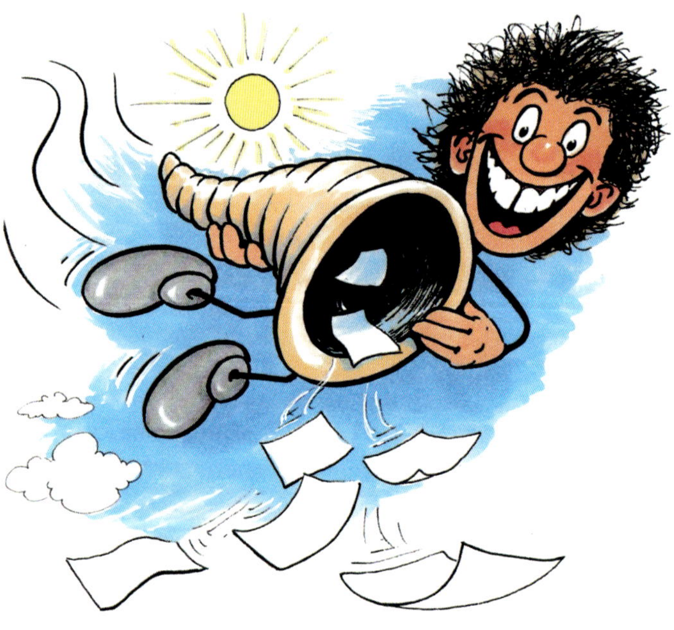

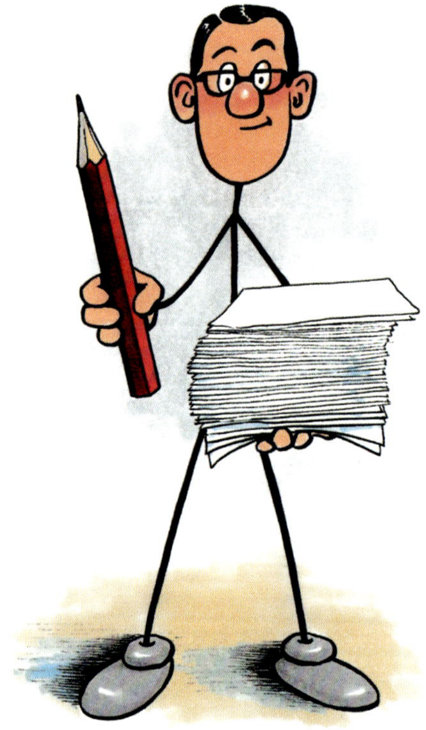

Die Ausrüstung

» VON H NACH B – DER BLEISTIFT

Bleistifte gibt es in verschiedenen Härtegraden, wobei die härteren mit H und die weicheren mit B bezeichnet werden. Je weicher die Mine, desto schwärzer der Strich. Doch die Gefahr des Verwischens ist größer. Deshalb eignet sich für die Vorzeichnung am besten die goldene Mitte mit der Bezeichnung HB. Willst du die Reinzeichnung nicht mit dem Marker, sondern mit Bleistift ausführen, wählst du 2B oder weicher.

Bleistifte sind in großer Auswahl und unterschiedlicher Qualität erhältlich. Grob gesagt gibt es zwei Kategorien: Holzbleistift und Druckbleistift.

Als Live-Karikaturist arbeite ich seit vielen Jahren mit dem praktischen Druckbleistift. Da ist die Vorzeichnung mit Bleistift lediglich ein Minuten-Scribble. Für das gepflegte Zeichnen im Atelier verwende ich jedoch einen Holzbleistift: Palomino Blackwing Pearl mit der weicheren Mine und den Blackwing 602, welcher dem Härtegrad HB entspricht. Ein hervorragender Bleistift mit Kultstatus – und einem butterweichen Strich! Dazu gibt es einen speziellen Anspitzer der gleichen Marke.

» DER RADIERGUMMI

So wenig wie der Bleistift heutzutage aus Blei besteht, so wenig hat der Radiergummi etwas mit Gummi zu tun. Ein spezieller Kunststoff sorgt dafür, dass der Radierer alles bietet, was es braucht: Gründliches, aber papierschonendes Radieren, welches nicht viele kleine, sondern nur ein paar wenige größere Krümel zurücklässt. Selber verwende ich den „Hi-Polymer Soft" von Pentel, da er all diese Anforderungen erfüllt.

Eine geniale Ergänzung der Zeichenausrüstung ist der **Radierstift**. Er funktioniert wie ein Druckbleistift, mit dem Unterschied, dass statt der Mine ein Radiergummi im Gehäuse steckt. Diese Radierer sind in unterschiedlichen Dicken erhältlich. Sie erlauben, auch ganz kleine Korrekturen vorzunehmen, ohne die restliche Zeichnung zu beschädigen. Außerdem lassen sich mit dem Radierstift wunderbar Muster aus einer mit Bleistift angelegten Fläche herausarbeiten.

» DER MARKER

Mit diesem Stift lassen sich schön klare und schwarze Striche erzielen – intensiver als mit dem Bleistift. Das ist wichtig bei Strichmännchen-Zeichnungen, namentlich für die Hauptlinie! Weil sich die Vorzeichnung am Schluss ausradieren lässt, bleibt eine saubere Reinzeichnung.
Beim Marker gibt es zwei Arten: Brush und feste Spitze.

» DER BRUSH

Das ist ein Marker mit einer flexiblen Spitze aus Kunststoff. Es gibt Stifte mit weichen oder festeren Spitzen. Für unsere Zwecke ist die festere Variante geeignet. Ich verwende den „Brush Sign Pen Pigment" von Pentel, den es in drei Strichstärken gibt. Er ist wasserfest und lichtecht.

Mit dem Brush ergeben sich je nach Druck verschieden dicke Striche, was die Zeichnung lebendiger macht. Der Umgang mit dem Brush erfordert ein bisschen Übung, doch da beim „Sign Pen" die Spitze recht fest ist, fällt der Umgang damit nicht schwer. Zudem kann er lange verwendet werden, ohne dass die Spitze schlapp wird, wie das bei weicheren Brush-Stiften der Fall ist.

» DIE FESTE SPITZE

Für kleinere Details und das Zeichnen von Strukturen, z. B. bei Haaren, ist es zweckmäßig, einen Marker mit fester Spitze zu verwenden, welcher ungeachtet des Drucks eine gleichbleibende Strichdicke ergibt. Bei meinen Zeichnungen kommt der „Pointliner" von Pentel zum Einsatz. Er ist wasserfest und lichtecht und in fünf Strichstärken von 0,05 bis 0,8 mm erhältlich.

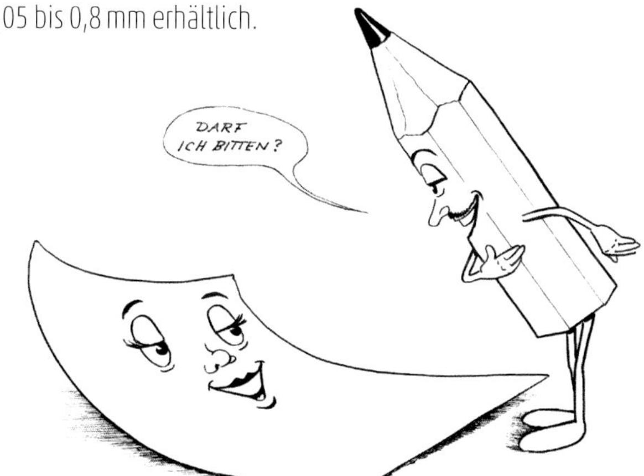

Die Ausrüstung

» DAS PAPIER

Für Scribbles und Entwürfe reicht Notiz- oder günstiges Druckerpapier aus. Für die Reinzeichnung hingegen lohnt es sich, gutes Zeichenpapier zu verwenden. Feinkörnig sollte es sein – nicht ganz glatt –, damit der Stift schön greift, aber nicht holpert. Und fest genug, am besten 200 g/m^2 oder mehr. Was das Format betrifft: Lieber größere Blätter verwenden, z.B. Format A3 (29,7 x 42 cm). Das ermöglicht großzügiges Zeichnen. Im Übrigen verhält es sich mit dem Papier wie mit dem Schuhekaufen: Probieren, bis du dich wohlfühlst damit!

» DAS ZEICHENBRETT

Um die Nase-auf-dem-Papier-Haltung zu vermeiden, empfehle ich dir, ein Zeichenbrett zu verwenden, welches schräg auf der Tischkante aufliegt. So bleibt der Oberkörper aufrecht, der Bauch und die Lunge werden nicht zusammengedrückt, und der Blick richtet sich ungefähr im rechten Winkel aufs Zeichenpapier. Zudem können sich Unterarm und Hand mit dem Stift locker bewegen. Das Strichmännchen macht es hier vor.

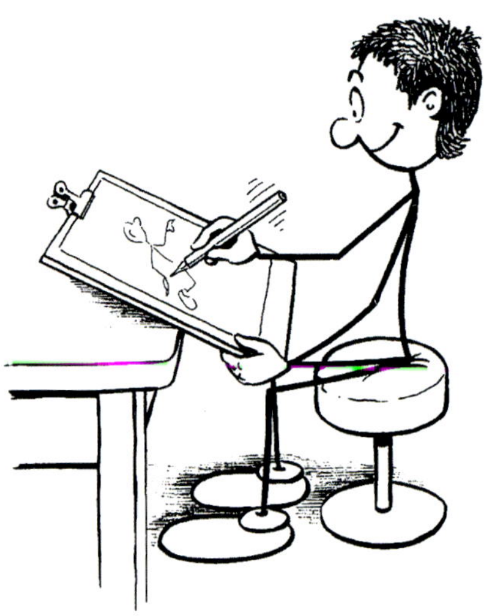

Natürlich kannst du auch eine Tischstaffelei verwenden oder das Zeichenbrett auf den Tisch legen und mit einer Unterlage schräg stellen. Und vielleicht hast du sogar die Luxus-Variante – einen Zeichentisch zum Schrägstellen.

» DAS LICHT

Gedämpftes Licht ist wunderbar stimmungsvoll bei einem romantischen Dinner. Fürs Zeichnen hingegen braucht es helles Licht! Lampen mit Tageslichtspektrum sind optimal. Eine solche Beleuchtung erleichtert nicht nur das Sehen, sondern fördert auch die Konzentration!

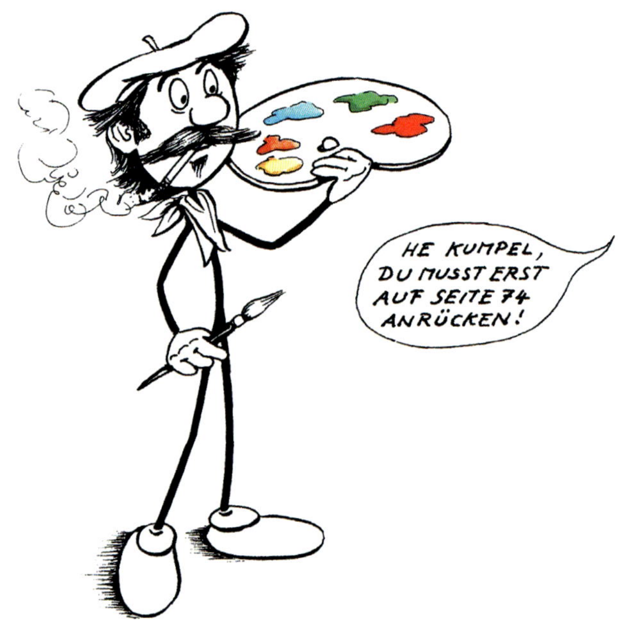

» DIE FARBEN

Kommen bei einer Zeichnung die Farben dazu, sprechen wir von Kolorieren. Das ist ein großes Thema für sich. Deshalb werden wir uns im letzten Kapitel nur kurz damit befassen. In diesem Buch geht es in erster Linie um lineare Zeichnungen in Schwarz-Weiss. Dafür bist du mit Bleistift und Marker gut ausgerüstet.

UR-STRICHMÄNNCHEN

FREIE BAHN FÜR FRECH UND FRÖHLICH!

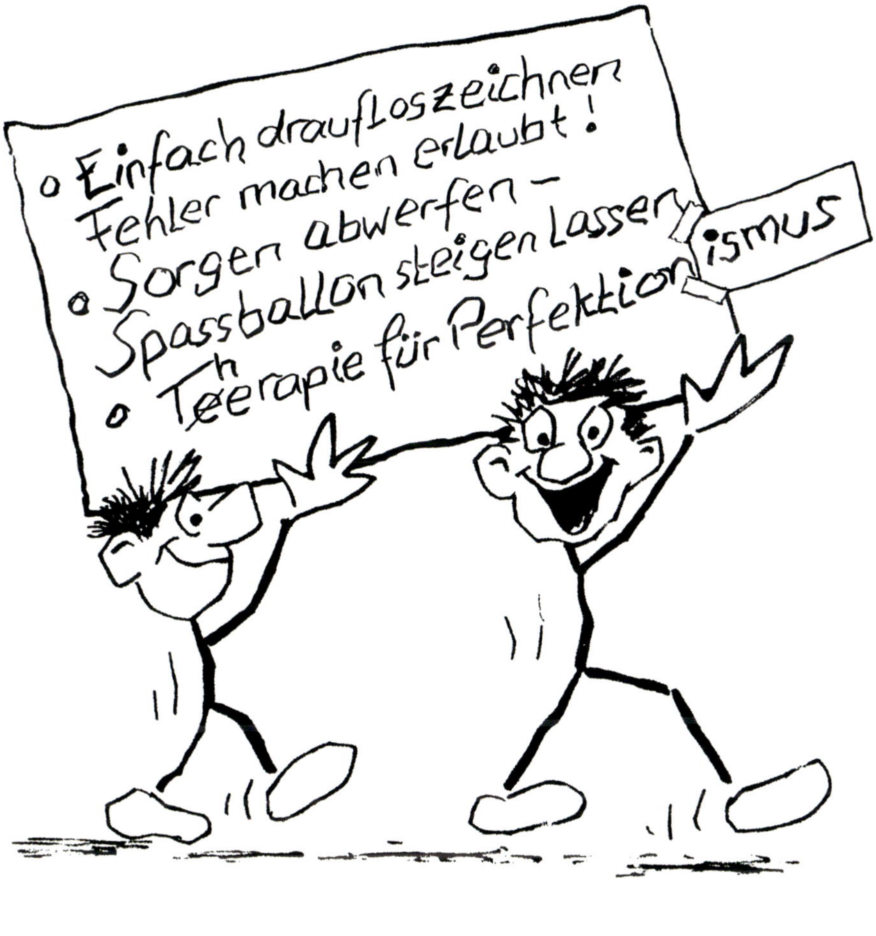

Die verrückten Mutmacher

» THERAPIE FÜR PERFEKTIONISTEN

In der Einführung zu diesem Buch hast du bereits etwas von den Ur-Strichmännchen erfahren. Wie den „de Luxes" steht ihnen ebenfalls alles zur Verfügung: Augen, Mund, Sprechblasen usw. Im Gegensatz zu ihren vornehmen Verwandten oben auf der Treppe ist es ihnen jedoch völlig egal, wie du das alles zeichnest. Sie sind äußerst pflegeleicht – und heilsam für Perfektionisten! Wir wollen nun schauen, bei welcher Gelegenheit du diese drolligen Kerlchen aufs Papier zauberst.

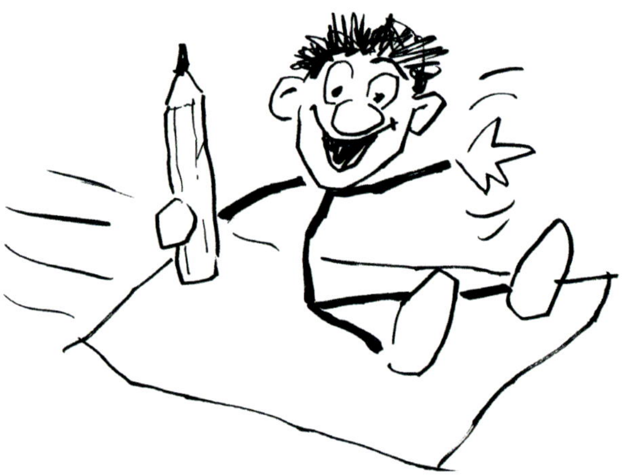

» EINSTIEG INS ZEICHNEN

Falls du Anfänger*in bist, brauchst du keine Hemmungen zu haben. Die Ur-Strichmännchen empfangen dich mit offenen Armen und erleichtern dir die ersten Ausflüge ins Reich des Zeichnens! So kannst du dich ohne jeglichen Leistungsdruck mit dem Zeichenstift vertraut machen und das zarte Pflänzchen der Freude in aller Ruhe wachsen lassen. Du kannst so lange bei den Ur-Strichmännchen bleiben, wie du willst – und bis die Neugierde auf die nächste Stufe erwacht!

» SPASS

Immer wenn es darum geht, Spaß zu haben, sind die Ur-Strichmännchen sofort dabei! Da sie keine großen Ansprüche haben, wie sie zu zeichnen sind, kannst du diesbezüglich kaum Fehler machen. Dem Spaß steht deshalb nichts im Weg!

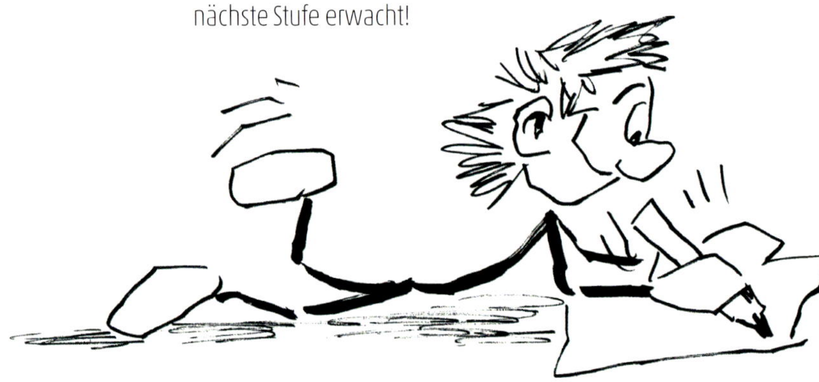

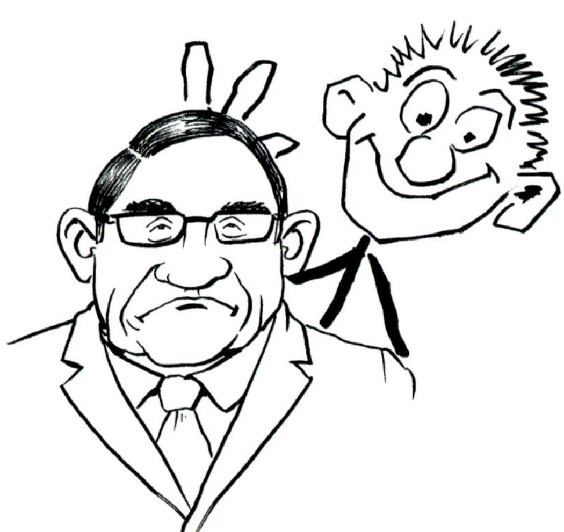

» VERSTAND

Ur-Strichmännchen mögen es nicht, wenn der Verstand allzu dominant wird und die Menschen unter seinem Einfluss verkrampft und mit grimmigem Gesichtsausdruck durchs Leben gehen. Respektlos, wie sie sind, tun sie etwas dagegen. Deshalb sei hier auf die Risiken und Nebenwirkungen im Umgang mit diesen witzigen Wichteln hingewiesen: Für eine Weile kann übermäßiges Denken abhandenkommen – und als Folge davon auch der grimmige Gesichtsausdruck.

BOTSCHAFTER DES HERZENS

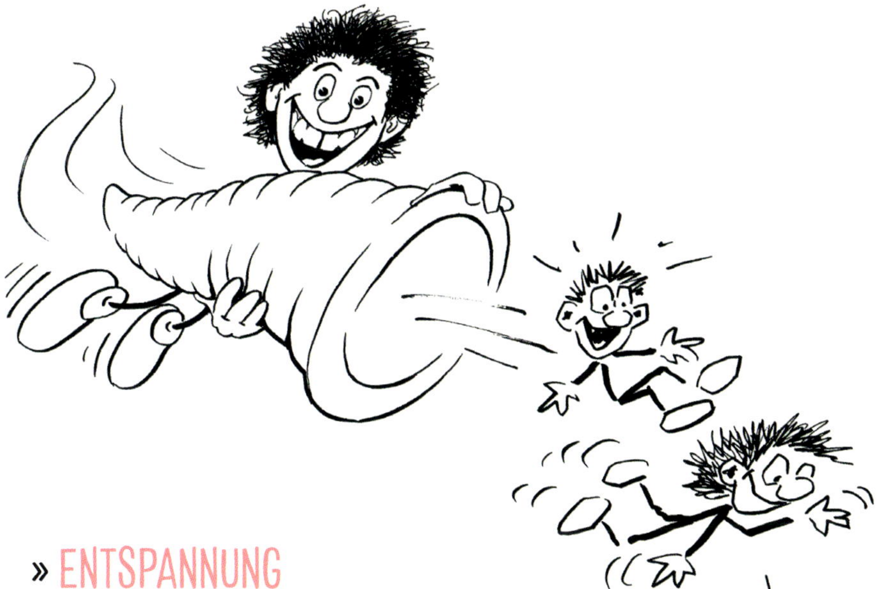

» PERFEKTIONISMUS

Gut möglich, dass du auch beim Zeichnen ab und zu dem Perfektionismus zum Opfer fällst und deshalb verbissen und verkrampft wirst. Diagnose: Zu viel Trotzki. Das Heilmittel: Mehr Spasski! Lass also ein paar muntere Ur-Strichmännchen aus seinem Füllhorn purzeln! Sie erinnern dich daran, dass das Zeichnen keine todernste Sache ist. Wenn du ihre Botschaft annimmst, gehst du mit einem Lachen und neuer Leichtigkeit zurück ans Werk. Dieses wird bestimmt nun wieder besser gelingen!

» ENTSPANNUNG

Auch wenn du von den Ur-Strichmännchen weggehst und auf die nächsten Stufen steigst, darfst du jederzeit wieder zu ihnen zurückkehren. Sie freuen sich immer, wenn du sie besuchst, um dich in ihrer unkomplizierten und fröhlichen Gegenwart zu entspannen. Hast du dich z.B. eine Zeit lang mit den zahlreichen Wünschen der Familie „de Luxe" befasst, kann diese Abwechslung recht wohltuend sein!

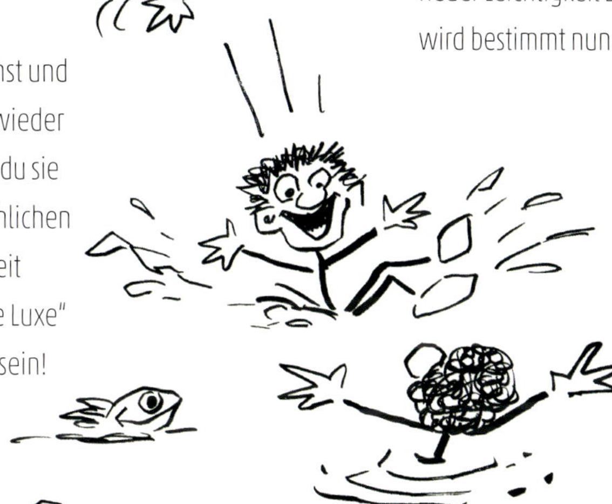

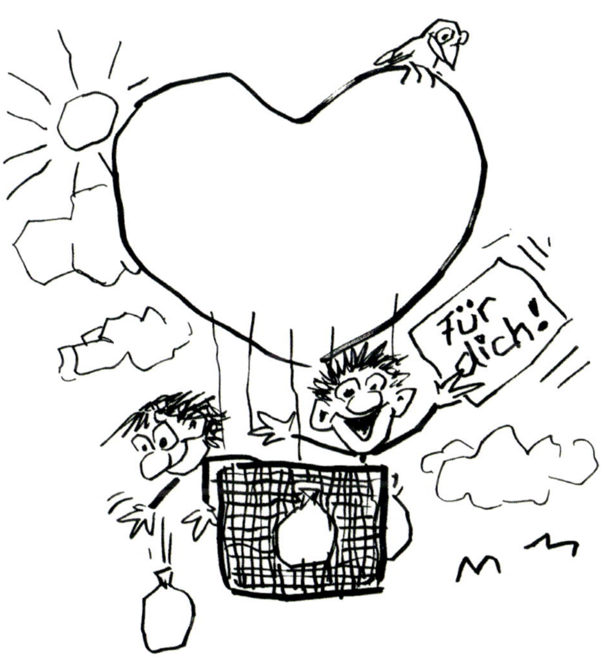

» FRÖHLICHKEIT

Zwar haben die Ur-Strichmännchen keinen Zutritt zur feinen Gesellschaft, aber beim Volk sind sie überaus beliebt. Sie wecken weder Bewunderung noch Neid und schaffen keine Distanz. Mit Fröhlichkeit und entwaffnender Naivität lassen sie das Eis schmelzen und haben leichten Zugang zu den Herzen der Menschen. Daher kannst du getrost ein Ur-Strichmännchen mit einer Botschaft losschicken, die das Herz betrifft. Sie wird ankommen!

UR-STRICHMÄNNCHEN ZEICHNEN

» NARRENFREIHEIT FÜR DEINEN ZEICHENSTIFT!

Ur-Strichmännchen zu zeichnen ist eine herzerfrischende Sache! Es kann dabei nicht viel schiefgehen, vorausgesetzt, du baust die einzelnen Körperteile richtig zusammen. Im Übrigen kannst du dich darauf konzentrieren, die Geschichte, die du mit den Ur-Strichmännchen erzählen willst, mit kindlicher Unbekümmertheit aufs Papier zu bringen.

Der Verstand und seine kritischen Kommentare haben für einmal nichts zu sagen – umso frecher sollen die Gefühle zum Ausdruck kommen! Ob der Kellner im Luxusrestaurant den drei Ur-Strichmännchen einen Tisch zuteilen wird, ist nicht sicher. Eher nicht. Aber sicher ist, dass sie auch anderswo etwas zu futtern bekommen und einen fröhlichen Abend verbringen werden. Lass dich von ihrer guten Laune anstecken und erfinde eigene Geschichten mit Ur-Strichmännchen!

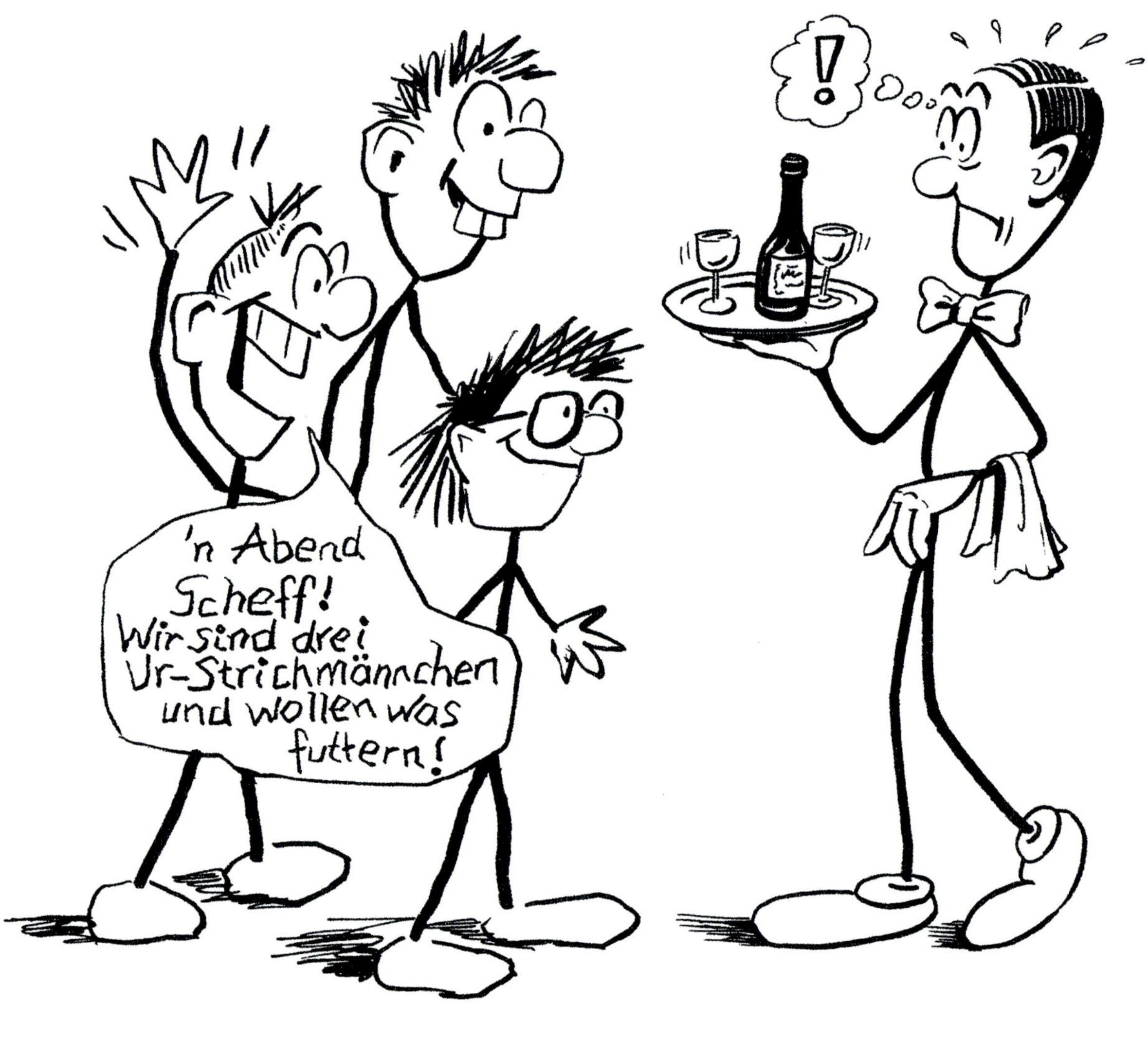

ERSTER ERFOLG!

» CHECKPUNKTE

- ◯ Perfektionismus loswerden
- ◯ Blockaden im Zeichnen lösen
- ◯ Den inneren Kritiker beobachten
- ◯ Den Mut stärken, Ideen frei auszudrücken
- ◯ Freude am unbeschwerten Zeichnen wecken
- ◯ Lockerer Einstieg ins Strichmännchen-Zeichnen

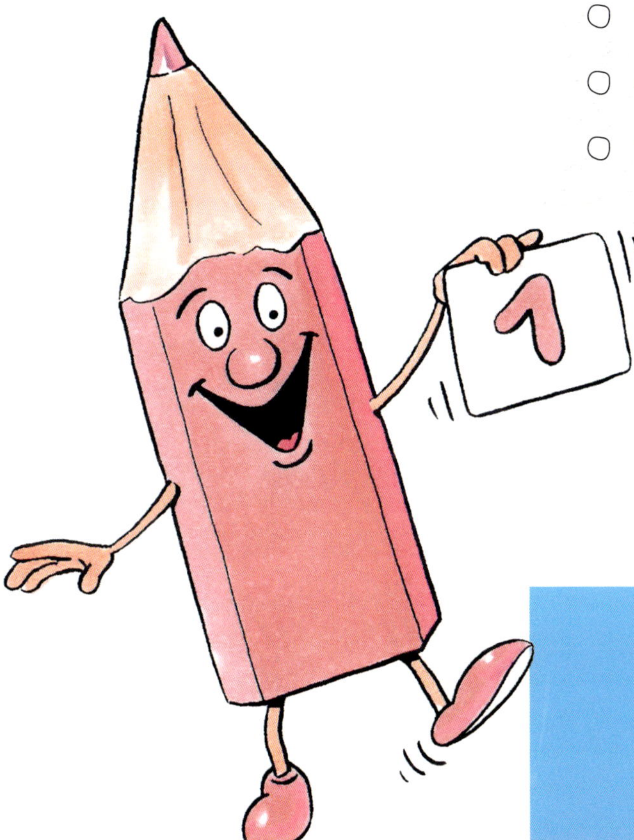

Sind die Aufgaben geschafft und die Checkpunkte geprüft?
Dann hast du den **rosa Stift** gewonnen.
HERZLICHEN GLÜCKWUNSCH!
Der Weg zur Stufe „Economy" ist nun frei.
Du kannst aber auch direkt auf die Stufe 5 springen!

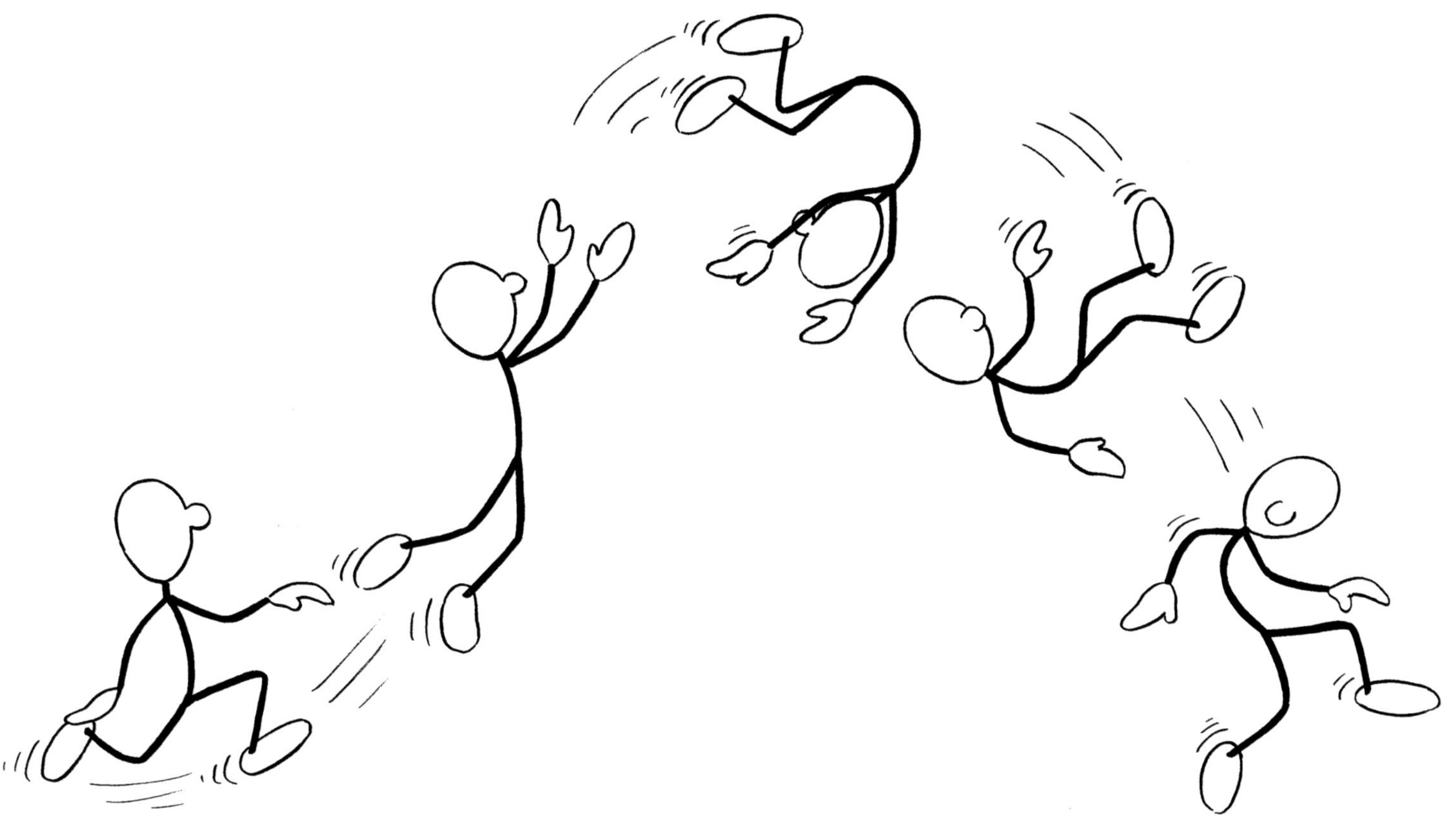

STRICHMÄNNCHEN ECONOMY

SO VIEL WIE NÖTIG – SO WENIG WIE MÖGLICH

» Die Hauptlinie – Seele des Strichmännchen-Körpers

» Eierkopf und Nasenpunkt: das Spiel mit Neigung und Richtung

» Handschuh-Hände und Eco-Pantoffeln – das clevere Minimum

» Kopf- und Körper in Harmonie: die Kunst der Körpersprache

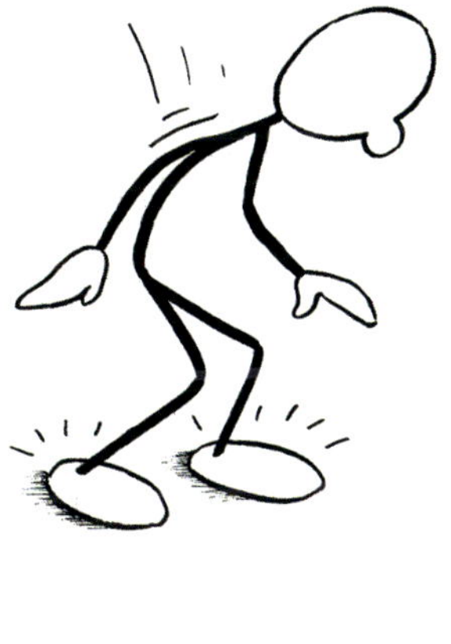

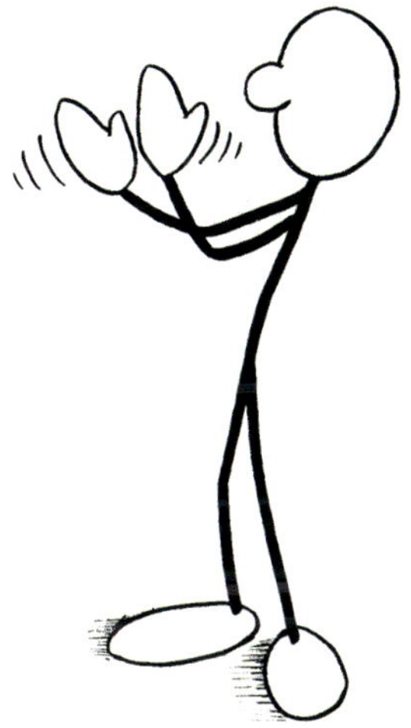

Das Eintrittsticket

» DIE HOLZKLASSE

Beim Fliegen ist Economy die „Holzklasse", die billigste der drei Buchungsklassen. Hier darfst du keinen großen Luxus erwarten. Dafür sparst du Geld. Ähnlich verhält es sich bei den Strichmännchen: Das Modell „Economy" ist nur mit dem Nötigsten ausgestattet. Doch auch da sparst du. Zwar nicht Geld – aber Zeit, wenn du ein solches zeichnest.

Im Gegensatz zu den Ur-Strichmännchen hat ein „Economy" keinen irgendwie geformten Kopf mit strubbeligen Haaren, sondern einen gepflegten Eierkopf, welcher mit einer knolligen Nase ausgestattet ist. Diese dient nicht zum Riechen, sondern um anzugeben, in welche Richtung das Strichmännchen schaut.

Die Frage ist allerdings, ob es überhaupt schauen kann, da es keine Augen hat. Weil auch der Mund fehlt, kann es zu dieser Frage keine Auskunft geben.

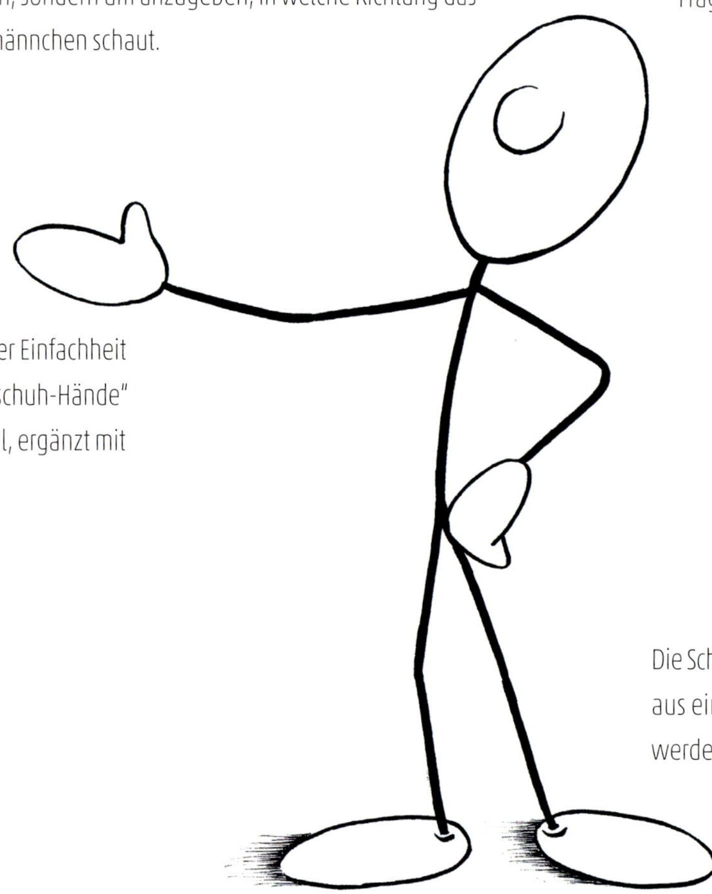

Vermutlich verständigen sich „Economys" telepathisch. Deshalb brauchen sie auch keine Ohren.

Die Hände sind der Einfachheit halber als „Handschuh-Hände" gestaltet: ein Oval, ergänzt mit einem Daumen.

Die Schuhe bestehen ebenfalls nur aus einem Oval. „Eco-Pantoffeln" werden sie genannt.

Zwar sind sie schlicht ausgestattet, doch darfst du diese Strichmännchen nicht unterschätzen! Überall dort, wo es schnell gehen muss, sind sie unschlagbar. Vielleicht möchtest du lieber so bald wie möglich zu anspruchsvolleren Ausführungen weitergehen. Dennoch solltest du diese Stufe nicht überspringen! „Economys" sind die Steigbügel, dank denen du später aufs hohe „de Luxe"-Ross steigen kannst.

Die Hauptlinie

» KÖRPERSPRACHE

Informationen lassen sich leichter vermitteln und bleiben besser haften, wenn sie bildhaft verknüpft werden. "Economys" eignen sich hervorragend als Textbegleiter, z.B. bei einer Flipchart-Präsentation. Sie wecken Sympathie, auch wenn sie nicht perfekt gezeichnet werden - oder gerade deshalb! Aber "Economys" müssen es sein, weil sie in wenigen Sekunden gezeichnet sind. Beim Modell "de Luxe" würde das Publikum einschlafen, bevor die Zeichnung fertig ist. Wie wir gesehen haben, hat die "Holzklasse" der Strichmännchen weder Augen noch Mund, auch keine richtigen Hände oder Schuhe - geschweige denn Haare. Was bleibt da noch übrig? Es ist der Körper - besser gesagt die Körpersprache! Weil kein Beiwerk den Blick ablenkt, liegt der Fokus voll und ganz auf der Haltung oder der Bewegung. Damit können die "Economys" auftrumpfen - und vor allem auch mit dem Vorteil, dass sie so schnell gezeichnet sind!

» DIE HAUPTLINIE

Die Hauptlinie ist die Seele eines Strichmännchen-Körpers! Sie besteht nur aus Wirbelsäule, Armen und Beinen - noch ohne Kopf, Hände und Schuhe. Die Hauptlinie ist tatsächlich die Hauptsache: Ist sie nicht gut gezeichnet, wird das Strichmännchen mit allen späteren Zutaten nicht zu retten sein!

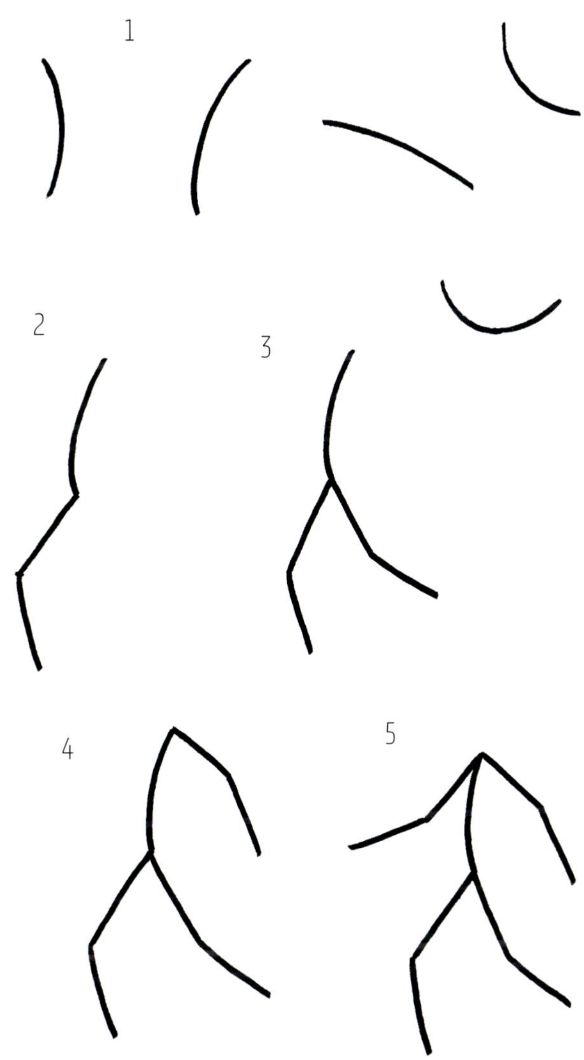

» HAUPTLINIEN ZEICHNEN

Als erstes zeichnest du alle möglichen Varianten von Wirbelsäulen. Dann wählst du eine davon aus und hängst ein Bein unten an - nur eines! Beachte dabei die Proportionen: Ein Ober- oder Unterschenkel ist nur wenig kürzer als die Wirbelsäule! Passend zum ersten fügst du das zweite Bein an. Dann einen Arm und schliesslich den zweiten. Ober- oder Unterarm sind etwas kürzer als Ober- und Unterschenkel. Setze die Arme ganz oben an der Wirbelsäule ein. Der kurze Strich für den Hals wird später gemäss der Kopfachse separat gezeichnet!

Hauptlinien richtig zu zeichnen ist gar nicht so einfach, denn die Einzelteile müssen zusammen nicht nur eine stimmige Haltung oder Bewegung ergeben - sie sollten auch die richtigen Proportionen haben. Oft wird die Wirbelsäule zu lang gezeichnet. Achte besonders auf diesen Punkt!

Gelingen dir die Hauptlinien, wirst du mit Freude feststellen, dass der Strichmännchen-Körper bereits zu leben beginnt!

SPASSKI-HAUPTLINIEN

» GRÜNES LICHT FÜR SPASSKI!

Du hast dich schon etwas mit der Hauptlinie angefreundet und gelernt, die fünf Bestandteile richtig zusammenzubauen. Eine Wirbelsäule, zwei Beine, zwei Arme. Das ist schon mal ein Anfang, doch das Ganze mag jetzt noch etwas brav aussehen. Nun geht es darum, ein Maximum an Lebendigkeit zu erzielen. Das ist etwas für den frechen und draufgängerischen Spasski – eine Sache des Gefühls. Gefragt sind also nicht steife und eckige Striche, sondern runde, fließende Linien: Hauptlinien-Scribbles!

Das Scribble ist eine spontane, schnell hingeworfene Skizze. Lebendigkeit ist das Ziel – Genauigkeit ist Nebensache! Hauptlinien lassen sich auf alle möglichen Arten biegen. Beim Scribbeln kann es auch unmögliche Arten geben. Na und? Der Kopf macht jetzt Pause. Staunend schaut er zu, wie Herz und Hand mit dem Stift tanzen!

Zeichne grosszügig, am besten auf einem Format A3 oder grösser, damit sich dein Zeichenstift frei bewegen kann. Nimm dafür einen Bleistift 2 B oder weicher, damit sich schön kräftige Striche ergeben.

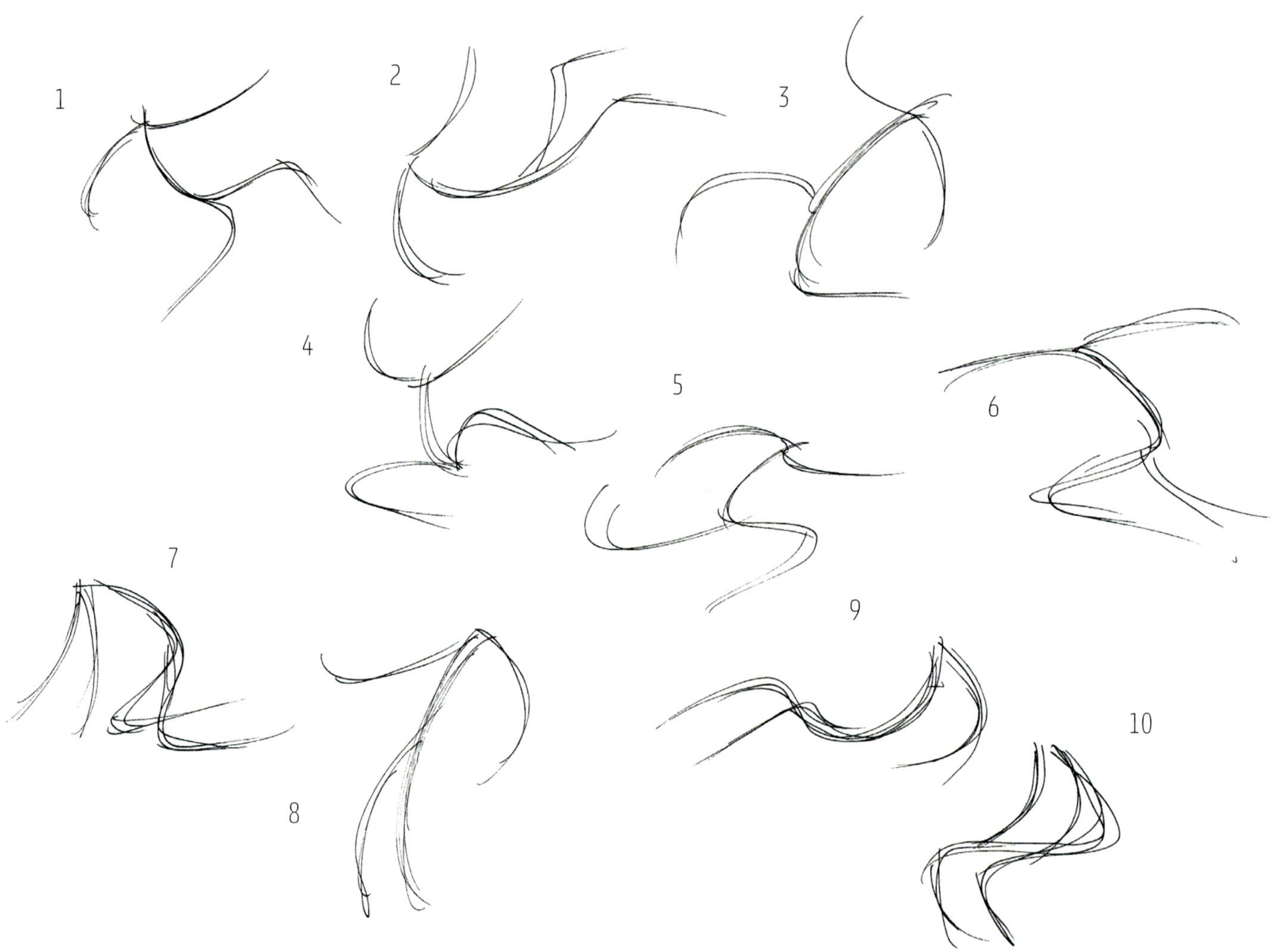

TROTZKI-HAUPTLINIEN

» ORDNUNG INS CHAOS BRINGEN

Wähle nun aus all den Scribbles die besten aus und bringe sie in eine „anständige" Form – wie es Trotzki ausdrücken würde. Ja, jetzt ist Zeit, dass auch er zu Wort kommt! – Du achtest dabei auf zwei Dinge: die Proportionen und die Strichführung.

» DIE PROPORTIONEN

Da Spasski bei seinen Scribbles keinen Wert auf Genauigkeit legt, prüft Trotzki zuerst die richtigen Proportionen von Wirbelsäule, Beinen und Armen. Außerdem achtet er darauf, dass die Ober- und Unterschenkel etwa gleich lang sind, ebenso die Ober- und Unterarme. Für den Anfang ist es hilfreich, zu diesem Zweck an den Endpunkten der einzelnen Glieder einen Punkt zu setzen.

» DIE STRICHFÜHRUNG

Die Hauptlinie eines Strichmännchens sollte nicht mit spinnenbeindünnen oder ängstlich zusammengezitterten Strichen, sondern gleichmäßig und kräftig gezeichnet sein. Für die Vorzeichnung verwendest du den Bleistift und für die Reinzeichnung am besten den Marker mit der Brush-Spitze, der auf Seite 13 vorgestellt wurde. Oder einen anderen Marker, der dir zusagt. Aber kräftige Striche sollten es sein.

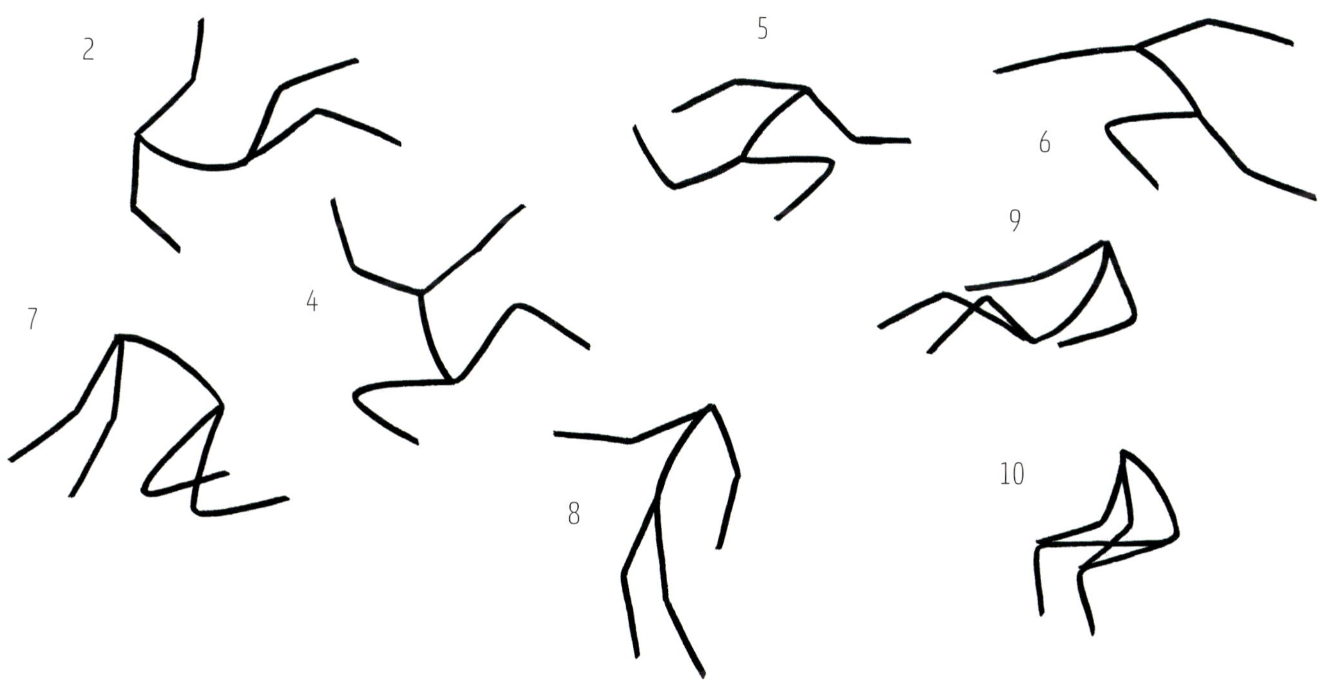

» SPASSKI UND TROTZKI KOMBINIERT

Achte darauf, dass du aus den wunderbar fließenden Linien des Scribbles nicht wieder ein steifes Knochengestell machst! Zeichne Ellenbogen und Knie nicht spitz, sondern runde sie etwas ab. Auch wenn es jetzt um die Reinzeichnung geht, solltest du dich nicht verkrampfen und die ganze Lebendigkeit des Scribbles wieder zubetonieren. Zeichne nach wie vor mit Gefühl und bewahre ein Maximum an Spasski, wenn du jetzt mit Trotzki Ordnung schaffst. Mit etwas Übung wird dir das immer besser gelingen!

Eierkopf und Nasenpunkt

» DER EIERKOPF

Die typische Kopfform eines Strichmännchens ist das Ei. Bei der Familie „de Luxe" werden später die Haare dazukommen, doch die Grundform bleibt immer das Oval. Während es den Ur-Strichmännchen ziemlich egal ist, wie du sie zeichnest, bestehen die „Economys" auf einer gepflegten Kopfform!

» OVALE ZEICHNEN

Du kannst ein Oval entweder im Spasski- oder im Trotzki-Stil zeichnen: in einem Schwung – oder zusammengesetzt.

Bei Spasskis Methode gibt es zwei Knackpunkte: Der Strich muss wieder dort ankommen, wo er begonnen hat, und das Oval sollte wirklich wie ein Ei und nicht wie eine kreativ geformte Kartoffel aussehen!

Trotzki setzt ein Oval vorsichtig aus zwei Hälften zusammen. Das ist einfacher, doch auch da gibt es zwei Herausforderungen: Die beiden Hälften sollten gleich sein – und bei den Nahtstellen dürfen keine Ecken entstehen!

Egal, welche Technik du anwendest – beide erfordern Übung! Doch der Einsatz lohnt sich, denn das Oval ist neben der Hauptlinie das zweite Grundelement, auf dem alles andere im Strichmännchen-Zeichnen aufgebaut ist.

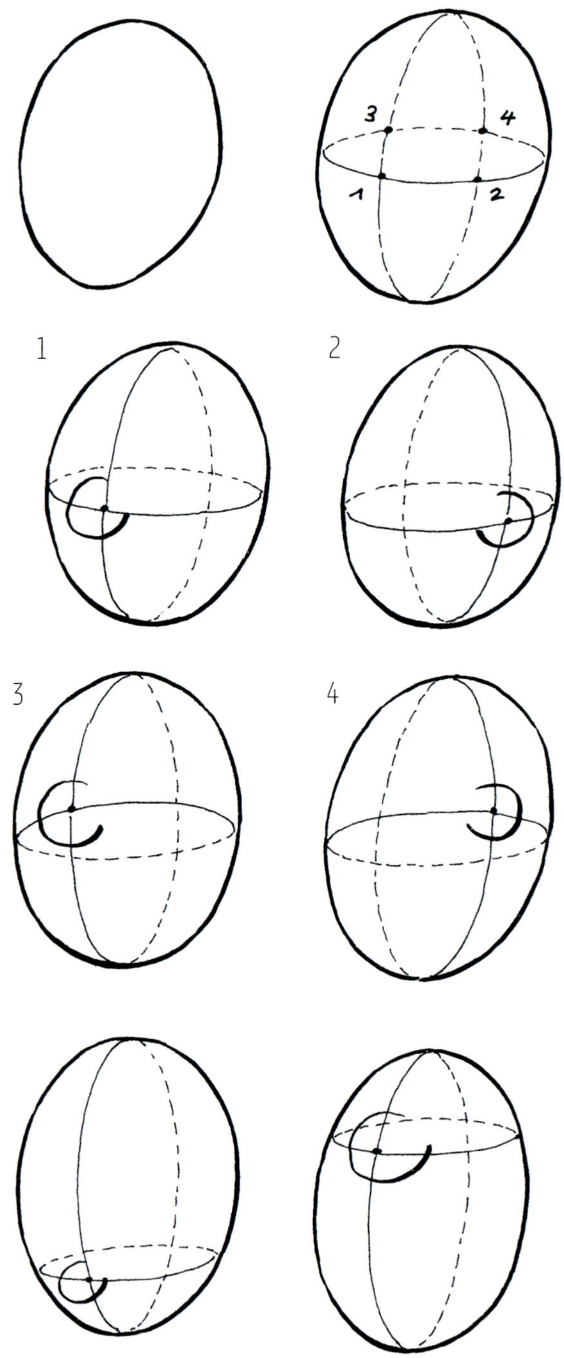

» DER NASENPUNKT

Wie beim Kopf begnügen sich die Strichmännchen auch bei der Nase mit einem einzigen Design: eine Knollennase. Um diese einzubauen, unterteilst du das Oval zuerst mit einer senkrechten und einer waagrechten Schnittebene. Die vier Schnittpunkte, die sich daraus ergeben, sind vier mögliche Nasenpunkte. Dort kannst du die Knollennase wie eine kleine, auf eine Nadel aufgespießte Kugel hineinstecken. Dank dieser Methode sitzt die Nase bei allen Neigungen und Richtungen des Kopfs stets richtig!

Die senkrechte Schnittebene befindet sich immer in der Mitte. Die waagrechte Schnittebene lässt sich hingegen nach oben oder unten verschieben. Mit diesem Kunstgriff kannst du den Charakter des Strichmännchens verändern.

Das Spiel mit Kopf und Nase

» DIE GRÖSSE VERÄNDERN

Auch wenn die Formen stets dieselben sind – der Kopf ein Ei und die Nase eine Kugel – hast du einen Spielraum, den du ausschöpfen kannst: die Größe!

Veränderst du die Größe des Kopfs, kannst du den Unterschied zwischen einem Erwachsenen und einem Kind darstellen: Der Kopf eines Kindes ist im Verhältnis zum Körper größer. Das ergibt den „Niedlichkeitseffekt". Auch wenn wir kein Strichmännchen-Kind zeichnen, nützen wir diesen psychologischen Faktor aus, indem wir generell den Kopf relativ groß zeichnen.

Bei der Nase kannst du mit verschiedenen Größen den Charakter des Strichmännchens verändern, vor allem, wenn du dies mit dem Verschieben des Nasenpunkts nach oben oder unten kombinierst. Große Mundpartie mit großer Nase ergibt einen ganz anderen Typ als große Stirnpartie mit kleiner Nase! Mit Mund, Augen und anderen Zutaten lässt sich dies später natürlich noch verstärken.

» NEIGUNG UND RICHTUNG VERÄNDERN

Bevor du Kopf und Körper des Strichmännchens zusammenbaust, befasse dich ausgiebig mit Eierkopf und Knollennase! So übst du nicht nur das Zeichnen von Ei und Kugel, sondern erkennst, dass du mit diesen simplen Formen zwei Trümpfe ausspielen kannst: Neigung und Richtung. Die Achse des Kopfs bestimmt die Neigung, und die Nase zeigt die Richtung an. Lerne, diese zwei Faktoren geschickt einzusetzen, denn sie tragen viel zu einer starken Gesamtwirkung des Strichmännchens bei!

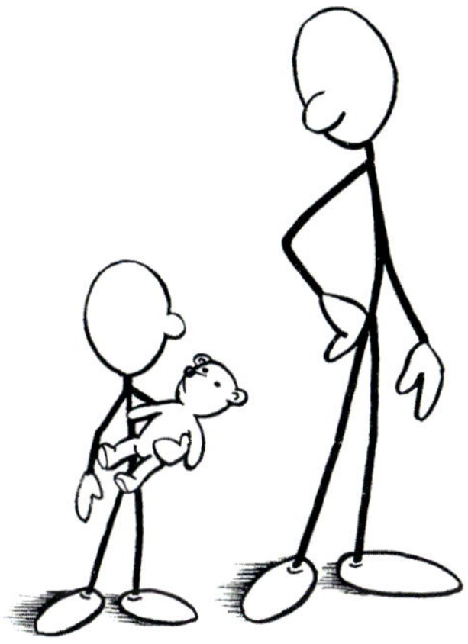

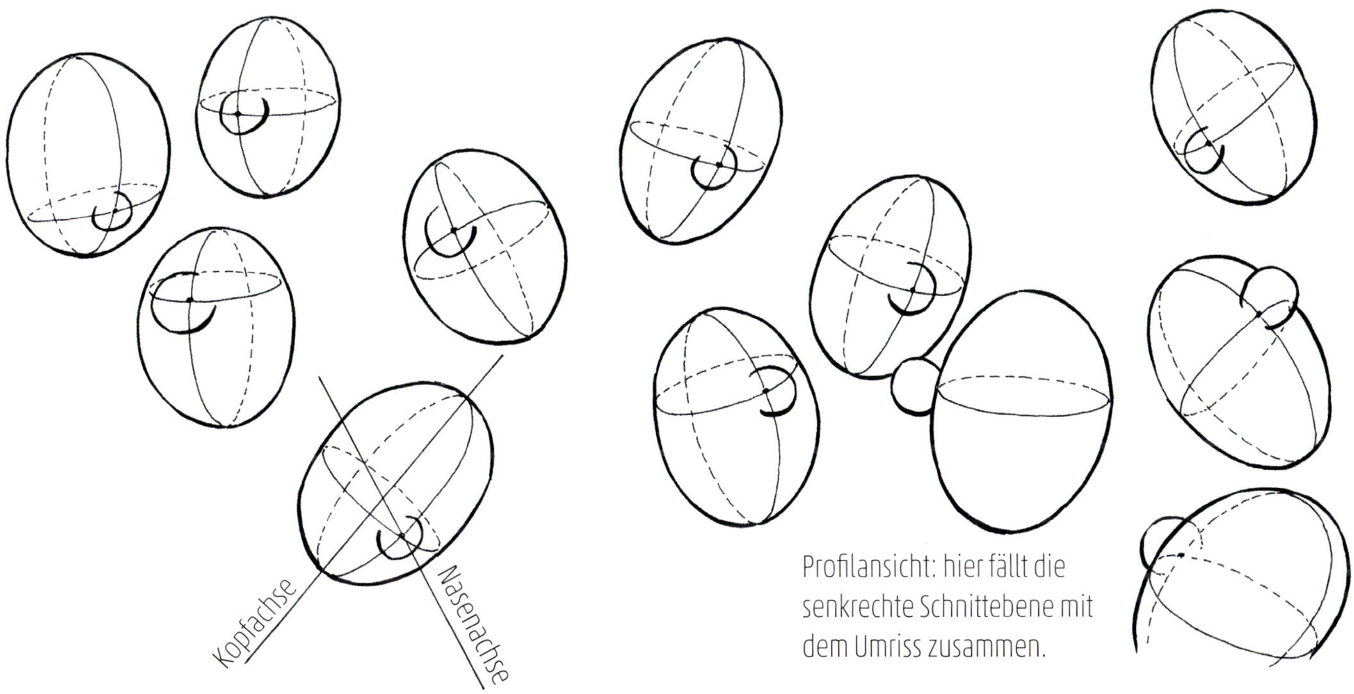

Profilansicht: hier fällt die senkrechte Schnittebene mit dem Umriss zusammen.

Die Handschuh-Hände

» HÄNDE ZEICHNEN

Hast du schon einmal Hände gezeichnet? Wenn ja, wirst du wohl erlebt haben, dass das gar nicht so einfach ist! Hände sind nicht nur unglaublich vielseitige Werkzeuge – sie können sich auch mit ihrer Körpersprache auf subtile Weise ausdrücken! Dementsprechend anspruchsvoll ist dieses Thema. Nicht vergebens heißt es: „Wer Hände zeichnen kann, kann zeichnen!"

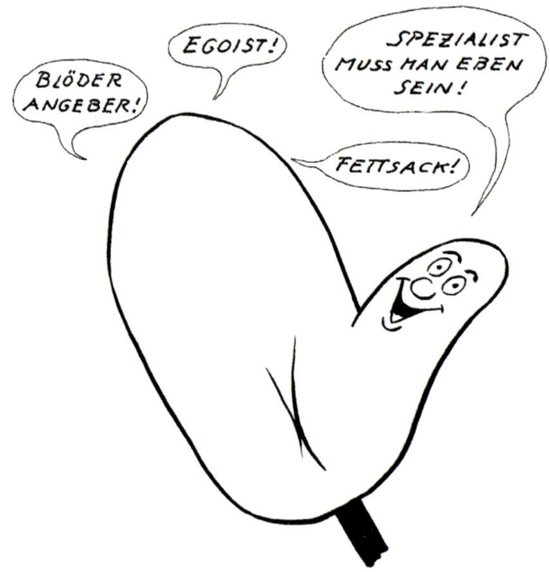

» DER KUNSTGRIFF

In der „Holzklasse" der Strichmännchen wird gespart, wo es geht! Deshalb werden die Finger kurzerhand in Handschuhe gesteckt. Nur die Daumen genießen einen Sonderstatus: Sie dürfen herausschauen. Als Spezialisten sorgen sie dafür, dass die Hände greifen können. Mit der ungleichen Behandlung sind nicht alle zufrieden, wie nebenstehendes Bild zeigt.

Doch weshalb sind nur drei und nicht vier schimpfende Finger im Handschuh? Gute Frage! Tatsächlich haben alle Strichmännchen nur vier Finger an einer Hand. Mehr dazu erfährst du im nächsten Kapitel!

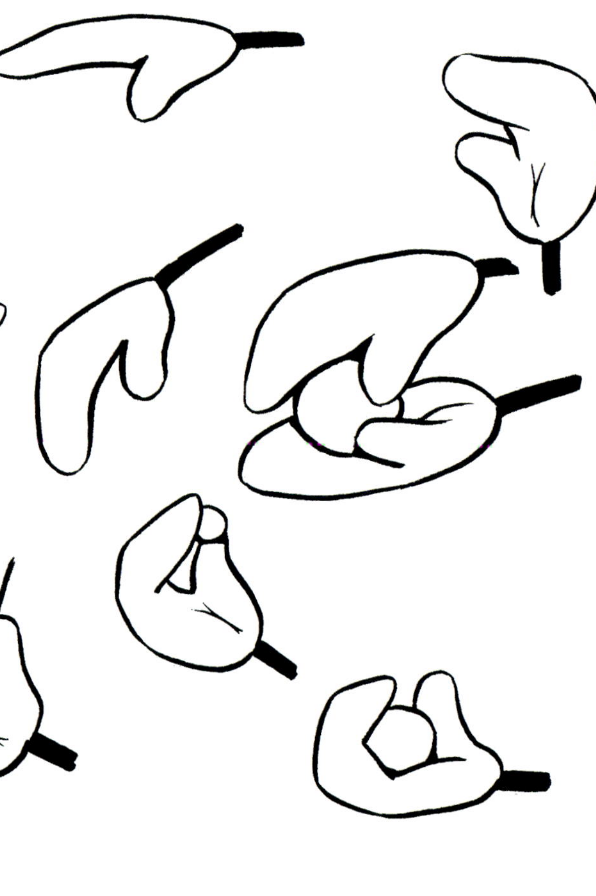

» DIE KNACKPUNKTE

- Die beiden „Handschuhe" müssen etwa gleich gross sein.
- Ihre Grösse sollte im Vergleich zur ganzen Figur stimmen.
- Den Daumen auf der richtigen Seite der Hand einsetzen.
- Die Hand ändert ihre Form, je nachdem, aus welchem Winkel sie betrachtet wird.

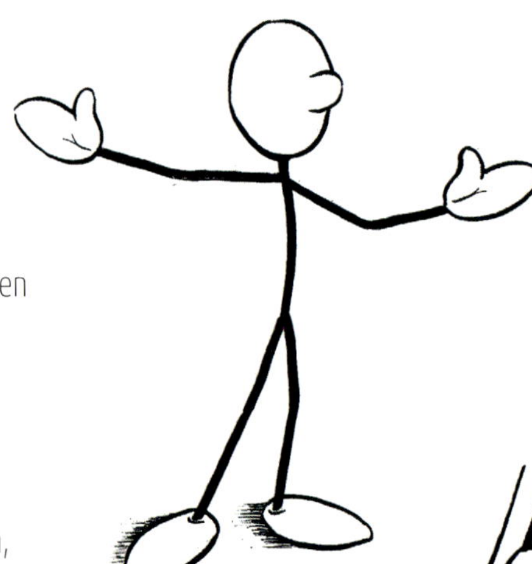

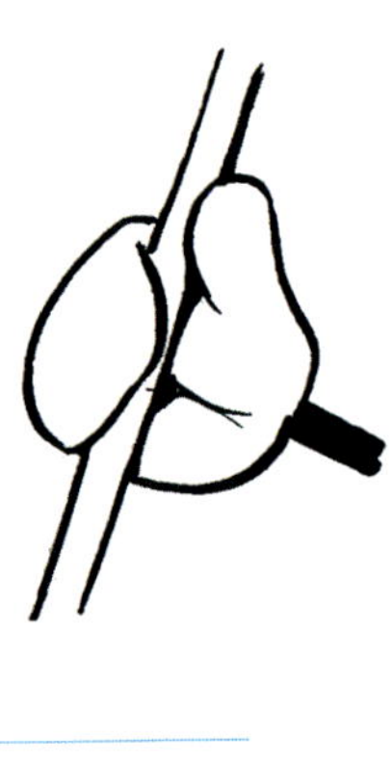

Wenn du beim Zeichnen auf diese Punkte achtest, wirst du bald solche Hände im Handumdrehen zeichnen können!

Die Eco-Pantoffeln

» DAS DESIGN

Die Schuhe der „Economys" bestehen aus einem schlichten Oval und erinnern ein wenig an die übergroßen Filzpantoffel, welche Besucher in peinlich gepflegten Wohnungen anziehen müssen, um den Parkettboden zu schonen. Daher der Ausdruck „Eco-Pantoffeln".

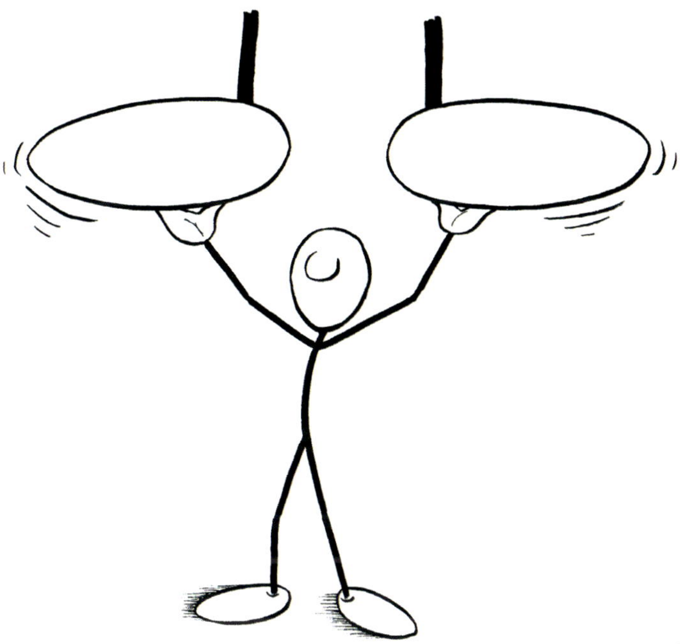

» DIE KNACKPUNKTE

- Die beiden Ovale müssen etwa gleich groß sein und im Vergleich zur ganzen Figur stimmen. Große Schuhe wirken drollig. Zeichne sie deshalb lieber zu groß als zu klein!
- Das Bein wird im hinteren Drittel des Ovals eingesteckt, sodass die Fersenpartie nicht zu groß wird.
- Das Oval kann unten etwas abgeflacht werden, um Sohlen anzudeuten.
- Werden die Schuhe beim Gehen geknickt, bildest du sie aus zwei abgewinkelten Ovalen, die bei der Überschneidung einen Knick bilden.

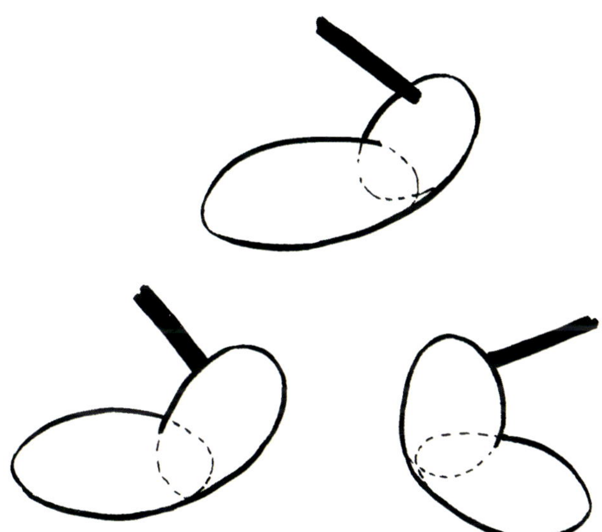

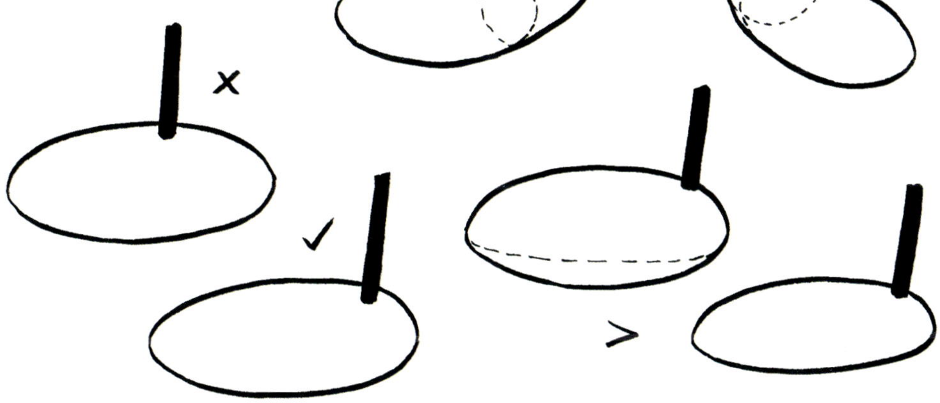

Nun sind die „Economys" komplett! Es sind gewiss keine Luxus-Limousinen mit Sonderausstattung. Sie entsprechen eher einem robusten und geländegängigen Jeep. Sie sind pflegeleicht und zuverlässig – und immer schnell zur Stelle, wenn du sie brauchst. Ich wünsche dir eine gute und frohe Fahrt mit ihnen!

Aufgaben Economy

DIE HAUPTLINIE

- ◯ Wirbelsäule, Beine und Arme schrittweise zu einer Hauptlinie zusammenfügen, sodass sich die Grundform einer Haltung oder Bewegung ergibt. (23)
- ◯ Hauptlinien im Spasski-Modus. Möglichst viele verschiedene Hauptlinien großzügig und mit fließenden Linien scribbeln. Genauigkeit ist nebensächlich – Lebendigkeit ist gefragt! Die Handbremse lösen, Mut zur Spontaneität! (24)
- ◯ Hauptlinien im Trotzki-Modus. Die besten Scribbles herauspicken und bearbeiten. Die Länge von Wirbelsäule, Beinen und Armen ins richtige Verhältnis bringen: Ober- und Unterschenkel, sowie Ober- und Unterarme je gleich lang. Die Reinzeichnung mit kräftigen und gleichmäßigen Strichen ausführen. Gelenke nicht spitz zeichnen, sondern sanft abrunden. Die Lebendigkeit der Spasski-Hauptlinie bewahren! (25)

DER KOPF

- ◯ Ovale als Grundform des Kopfs zeichnen. Großzügig und zahlreich, um ein Gefühl dafür zu bekommen. (26)
- ◯ Mit der senkrechten und waagrechten Schnittebene den Nasenpunkt bestimmen und die Knollennase einsetzen. Durch das Verschieben der waagrechten Schnittebene nach oben oder unten unterschiedliche Typen zeichnen. (26)
- ◯ Durch Veränderung der Kopfachse unterschiedliche Neigungen des Kopfs erzielen und durch das Drehen der senkrechte Schnittebene die Richtung des Kopfs verändern. (27)

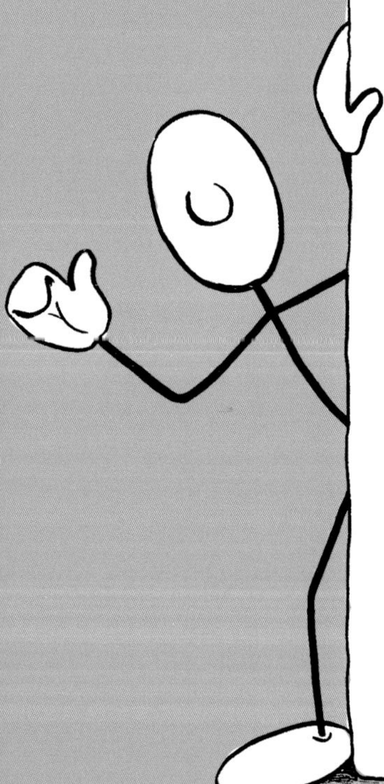

HÄNDE UND SCHUHE

- ◯ „Handschuh-Hände" als einfaches Oval mit Daumen zeichnen. Die Knackpunkte beachten! (28)
- ◯ Die Hände in verschiedenen Ansichten zeichnen. (28)
- ◯ Alle Möglichkeiten dieser vereinfachten Form ausschöpfen, wie z.B. Hände, die etwas greifen. (28)
- ◯ „Eco-Pantoffeln" als einfaches Oval zeichnen und dabei die Knackpunkte berücksichtigen! (29)

GANZE FIGUR

- ◯ Eine gelungene Hauptlinie aus dem Teamwork von Spasski und Trotzki als Grundlage nehmen. (23–25)
- ◯ Diese Hauptlinie mit allen Bestandteilen eines Strichmännchens „Economy" ausbauen, sodass sich eine stimmige Haltung oder lebendige Bewegung daraus ergibt. (22–29)
- ◯ Möglichst viele unterschiedliche Varianten auf diese Weise kreieren und damit ein Repertoire an Figuren schaffen.
- ◯ Durch Übung die Geschicklichkeit und Schnelligkeit im Zeichnen von „Economys" verbessern.

ZWEITER ERFOLG!

» CHECKPUNKTE

- ○ **Die Hauptlinie.** Spasski-Modus: Lebendigkeit, Trotzki-Modus: Genauigkeit
- ○ **Der Kopf:** Kopfachse und Nasenpunkt, Neigung und Richtung verändern
- ○ **Die Hände:** Handschuh-Hände, Form, Proportionen und Ansicht
- ○ **Die Schuhe:** Einfaches Oval – die Eco-Pantoffeln
- ○ **Ganze Figur**. Konzentration auf Körpersprache

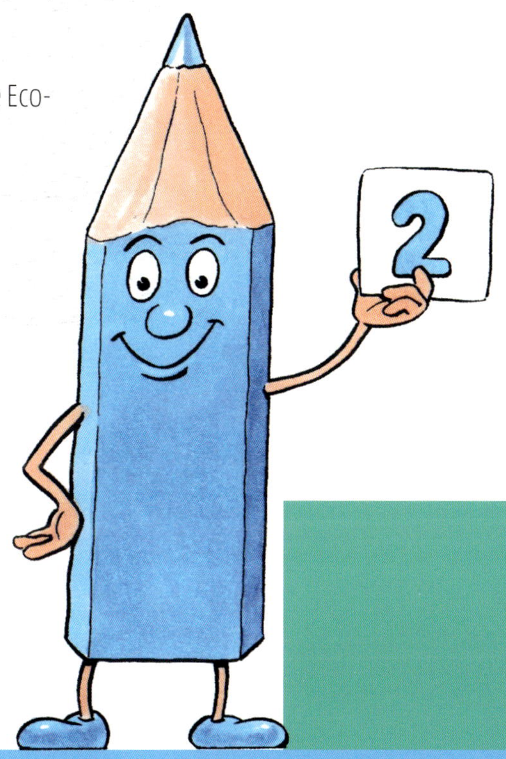

Sind die Aufgaben geschafft und die Checkpunkte geprüft?
Dann hast du den **blauen Stift** gewonnen.

HERZLICHEN GLÜCKWUNSCH!

Der Weg zur Stufe „Standard" ist nun frei.
Du kannst aber auch direkt auf die Stufe 5 springen!

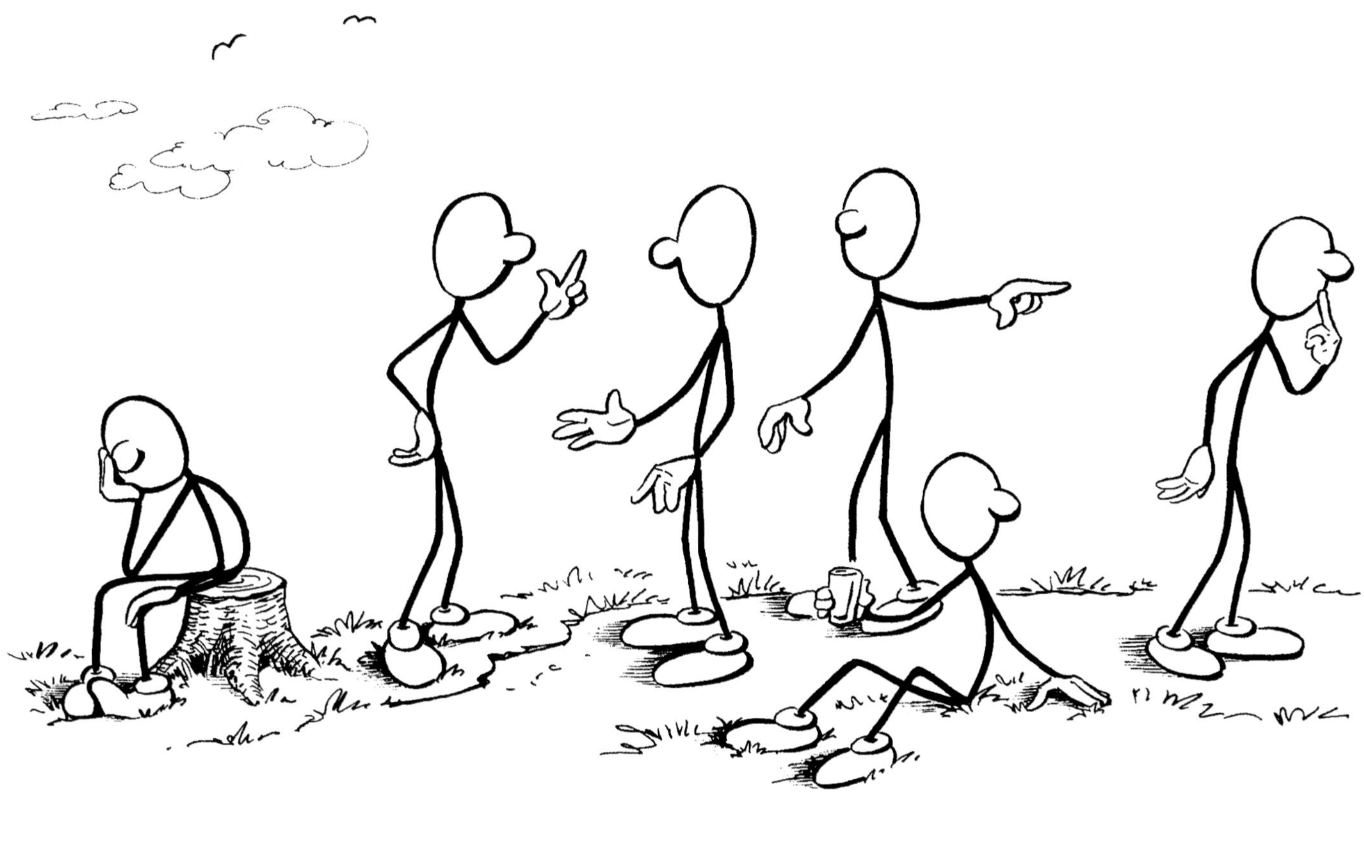

STRICHMÄNNCHEN STANDARD

DER SPRUNG INS GLÜCK – MUTIG VORWÄRTS, NICHT ZURÜCK!

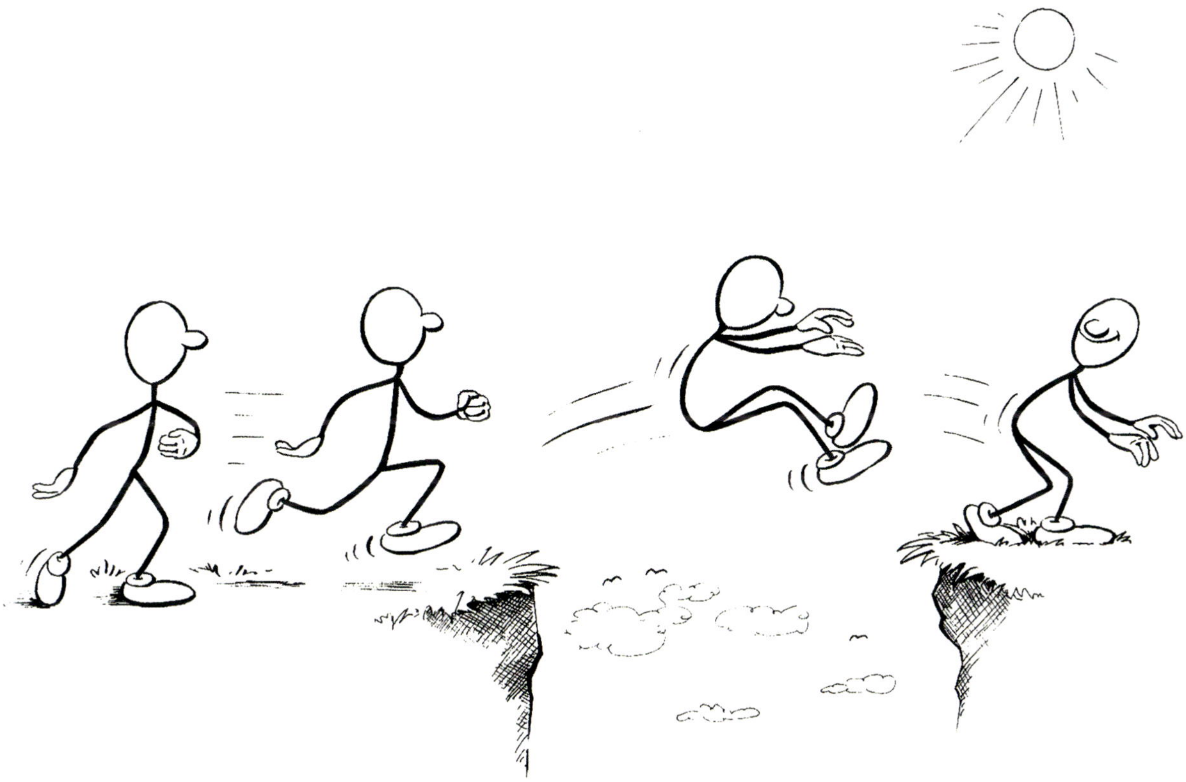

» Die Perspektive – dein Freund und Helfer

» Standard-Schuhe mit Knick und Sohle

» Strichmännchen auf den Teppich stellen

» Hände zum Reden und Handeln bringen

» Die Mitspieler: Schatten und Bewegungszeichen

Den Teppich ausrollen

» DER STANDARD STEIGT!

Hast du einmal den Sprung über den Graben zwischen „Economy" und „Standard" geschafft, steht dir das Strichmännchen-Land weit offen!

Auf den ersten Blick sehen die „Standards" ähnlich aus wie ihre schlichten Kollegen von Stufe zwei. Auch bei ihnen fehlen Ohren, Mund und Augen. Aber die Finger stecken nicht mehr in Handschuhen. Und wie wir gesehen haben, sind es nicht fünf Finger pro Hand, sondern nur vier. Damit kommen die Strichmännchen ganz gut zurecht.

Außerdem gibt es bei den „Standards" nicht nur plumpe Pantoffeln, sondern richtige Schuhe - zwar einfache, aber immerhin mit Sohlen. Da diese einen Boden zum Draufstehen brauchen, drängt sich das Thema „Perspektive" auf. Und weil die Strichmännchen nicht nur stehen, sondern auch herumrennen oder hochspringen und außerdem mit Armen und Händen allerlei Bewegungen machen, kommen noch die „Extras" dazu, um das zu betonen: Bewegungslinien und Ausdruckszeichen. Dazu gehört auch ein unscheinbarer, aber wichtiger Nebendarsteller: der Schatten.

» DER HAUPTGANG

Die „Extras" sind keine große Sache - Hände, Schuhe und Perspektive hingegen schon. Das ist nahrhaftes Zeichenfutter! Es lohnt sich, dieses gründlich zu kauen, damit es auch gut verdaut wird. Die „de Luxes" sind zwar reichhaltiger ausgestattet, aber sie sind doch nur der Nachtisch, quasi das Dessertbuffet. Der Hauptgang wird hier bei den „Standards" serviert!

» DIE PERSPEKTIVE

Ohne Perspektive läuft im Zeichnen gar nichts - oder vieles schief, weil sie nicht verstanden wird. Auch bei den Strichmännchen führt kein Weg daran vorbei. Ein faszinierendes und umfangreiches Gebiet! Doch du musst nicht alles davon kennen. Es reicht, wenn du die Grundlagen verstehst und anwenden kannst.

» HORIZONT, FLUCHTPUNKT UND FLUCHTLINIEN

Drei Dinge brauchst du, um die Perspektive zu erfassen: Horizont, Fluchtpunkt und Fluchtlinien.

- Der Horizont ist die Augenhöhe des Betrachters.
- Auf dieser Linie legst du einen Punkt fest - den Fluchtpunkt.
- Vom unteren Rand des Zeichenpapiers aus ziehst du Striche bis zum Fluchtpunkt. Das sind die Fluchtlinien.

Legst du nun waagrechte Striche über die Fluchtlinien – mit immer kleiner werdenden Abständen in Richtung Horizont –, ergibt das die Illusion eines Bodens. Ich nenne das „den Teppich legen". Damit kannst du deine Strichmännchen richtig hinstellen - und dank dem „Teppich" stehen sie alle auf der gleichen Ebene!

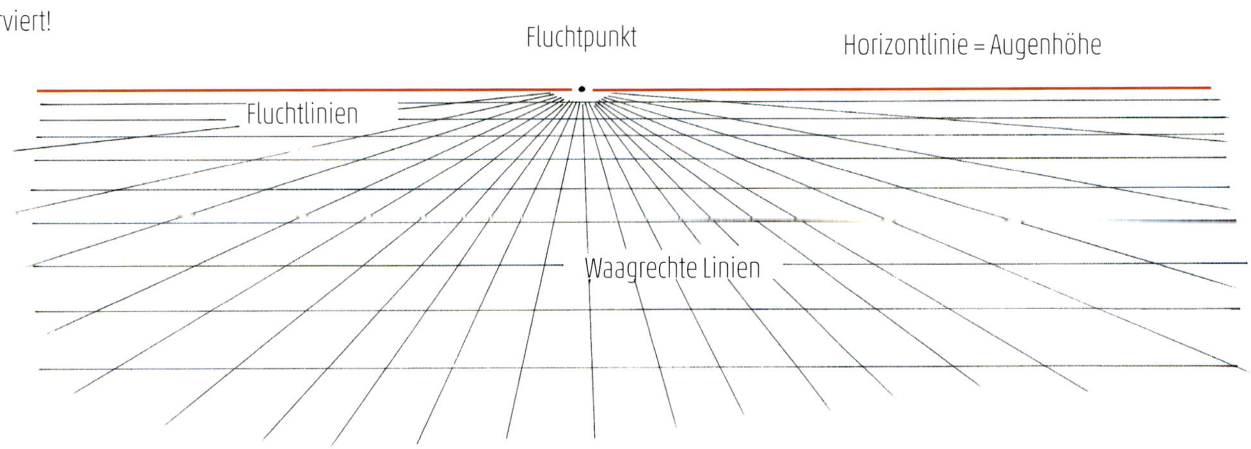

Die Perspektive

» OBEN ODER UNTEN

Die Horizontlinie ist also die Augenhöhe des Betrachters. Damit legst du fest, ob man die Strichmännchen von geradeaus, aus der Vogel- oder aus der Froschperspektive sieht. Entsprechend setzt du die Horizontlinie im Bild ein: Vogel oben – Frosch unten. Oder irgendwo dazwischen.

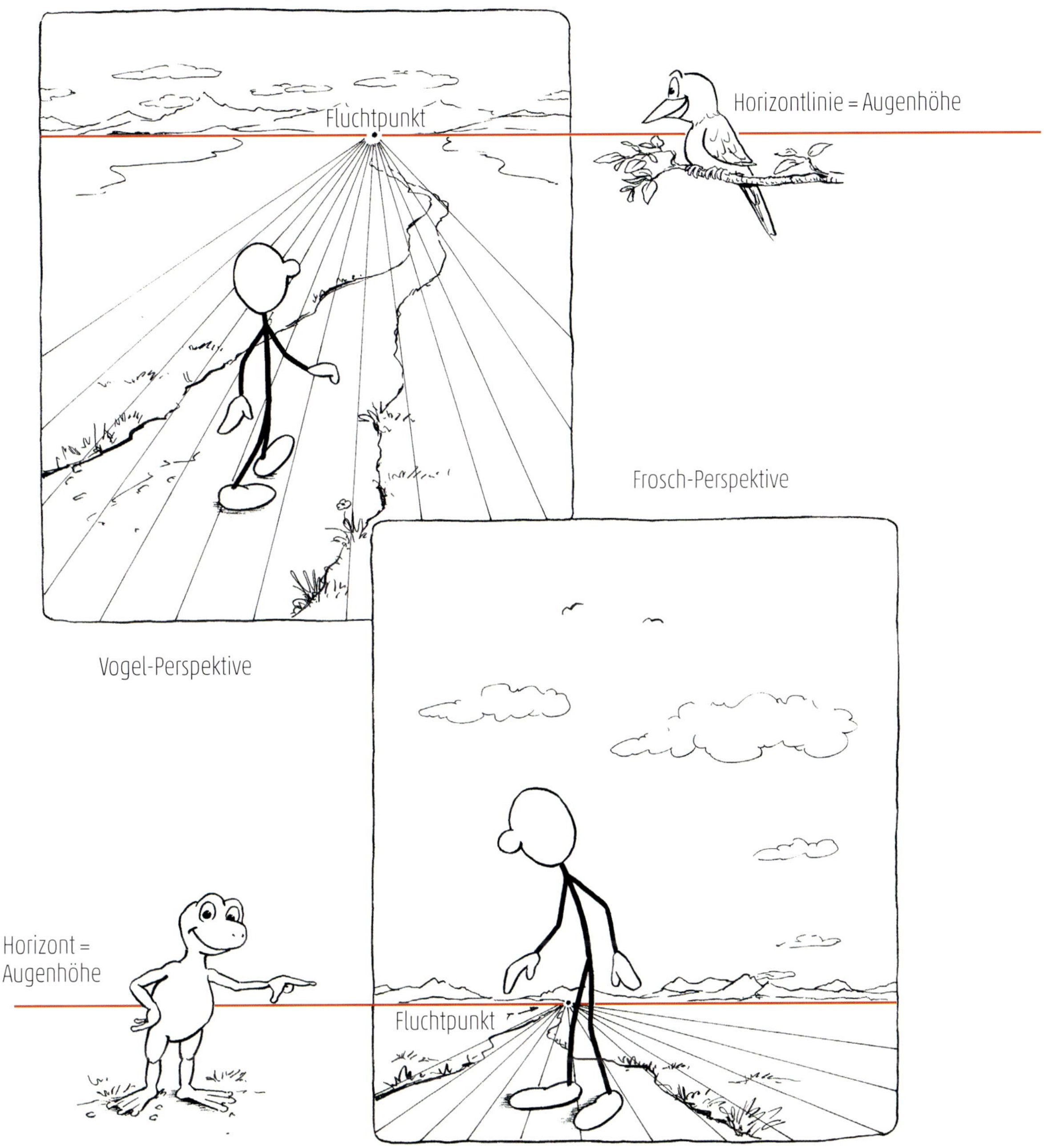

Nah und Fern

» DAS SPIELFELD

Du kannst nun auch Strichmännchen darstellen, die näher oder weiter weg erscheinen. Zu diesem Zweck ziehst du zwei Linien: eine vom Kopf und die andere von den Schuhen jeweils bis zum Fluchtpunkt. Zwischen diesen beiden Linien lässt sich nun eine ganze Reihe Strichmännchen bis zum Horizont zeichnen. Auch wenn diese immer kleiner werden, sind sie in Wirklichkeit genau gleich groß!

Natürlich haben die Strichmännchen keine Lust, wie Zaunpfosten in einer Reihe zu stehen. Wenn du von einem Strichmännchen aus eine waagrechte Linie nach rechts oder links ziehst, kann es auf dieser Linie aus der Reihe tanzen. Und dank der Perspektive erscheint es in der richtigen Größe – egal, wo es sich auf dem Spielfeld befindet!

Auf diese Weise kannst du nicht nur Strichmännchen, sondern auch Gegenstände, Häuser, Bäume, Tiere usw. zeichnen. Und natürlich dürfen die Strichmännchen auch in Bezug auf ihre Größe aus der Reihe tanzen, wie du am Beispiel von Max und Maxli siehst!

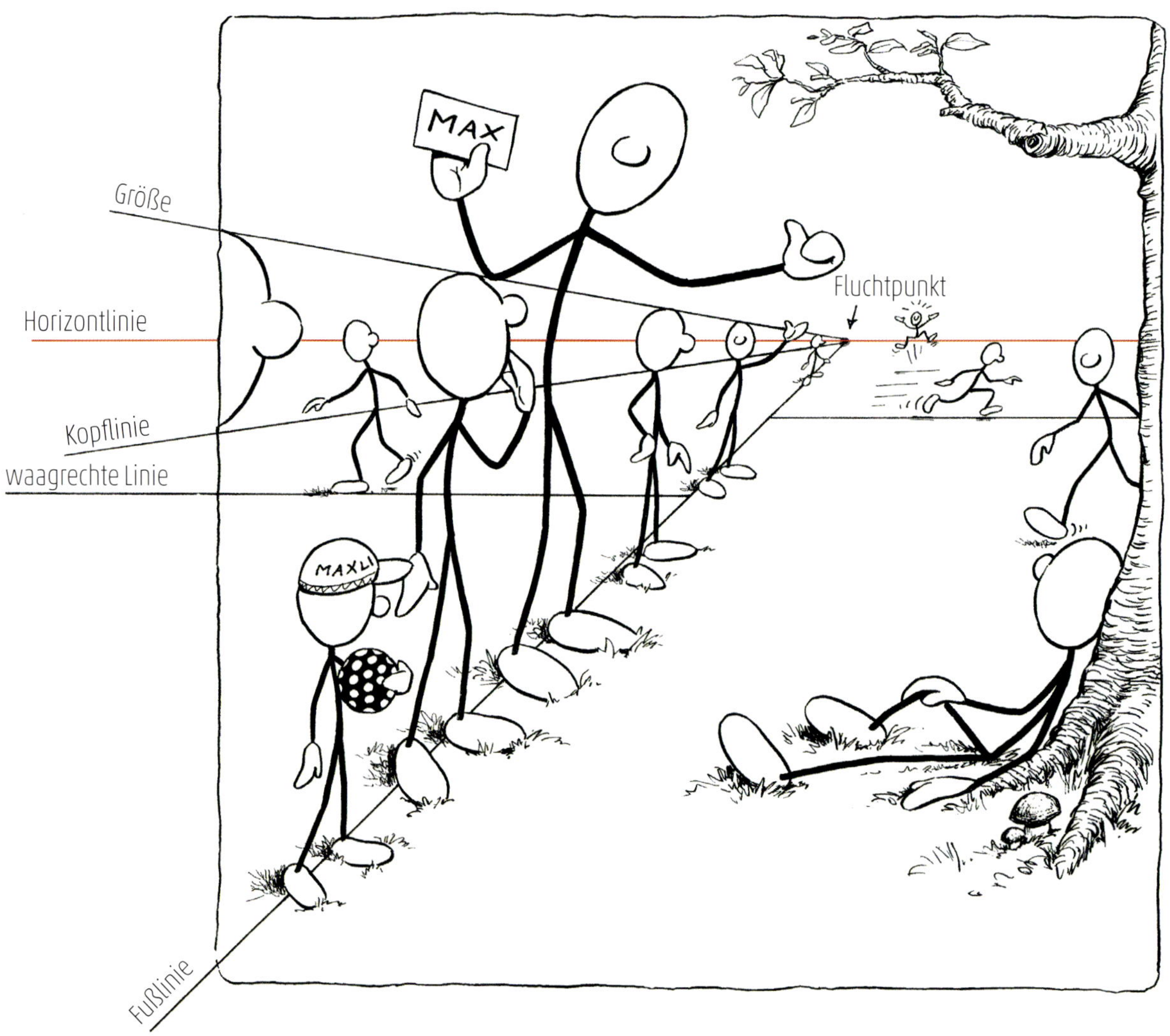

STRICHMÄNNCHEN-SCHUHE

» RICHTIGE SCHUHE

Zwei Unterschiede gibt es zu den Eco-Pantoffeln: die Sohlen und ein zweites Oval obendrauf. Mit diesem Zusatz sieht das Ganze eher nach einem richtigen Schuh aus. Die „Standards" sind stolz darauf! Weil dieses Modell praktisch und pflegeleicht ist, wird es sogar von den vornehmen „de Luxes" getragen.

» DAS ZWEITE OVAL

Die Sohlen zu zeichnen und vor allem, diese richtig auf den Boden zu stellen, ist etwas anspruchsvoller. Diesem Thema widmen wir deshalb die nächsten beiden Seiten. Hier befassen wir uns vorerst mit dem zweiten Oval. Am besten stellst du dir vor, dass dieses aus Knetmasse besteht, welche du oben auf das große Oval draufpappst. Dann gilt es, die folgenden Punkte zu beachten:

» DIE KNACKPUNKTE

- Achte auf das Größenverhältnis zwischen dem großen und dem kleinen Oval.
- Die Ferse darf nicht zu weit nach hinten hinausragen.
- Der Punkt, wo das Bein in das Oval eintritt, ist von oben betrachtet sichtbar, aus der Ameisenperspektive jedoch nicht.
- Ein kleiner Bogen beim Eintritt des Beins in das Oval verdeutlicht den Eindruck des „Einsteckens".
- Bei einer frontalen Ansicht des Schuhs wird die perspektivische Verkürzung mit Überschneidungen dargestellt.

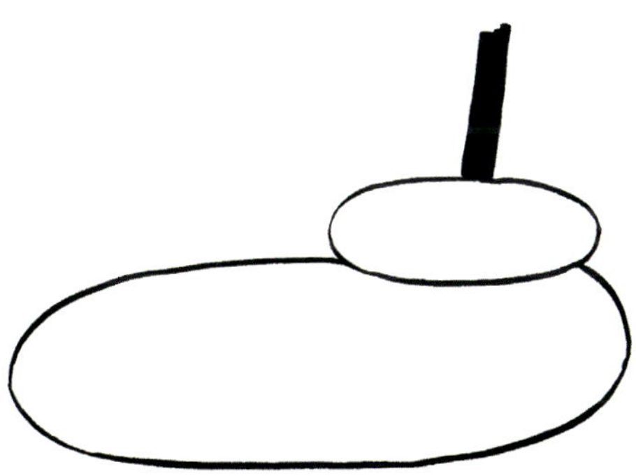

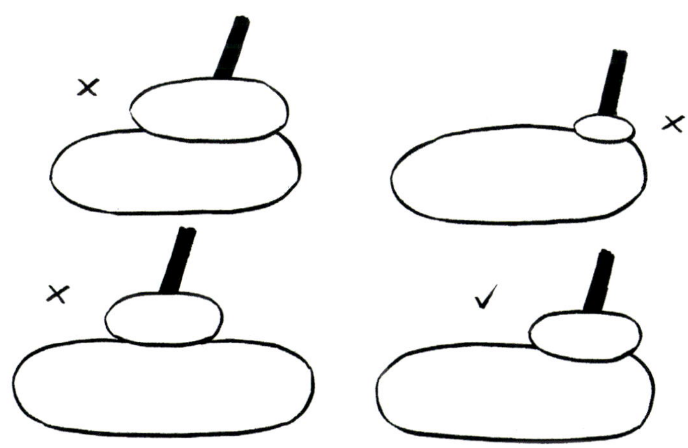

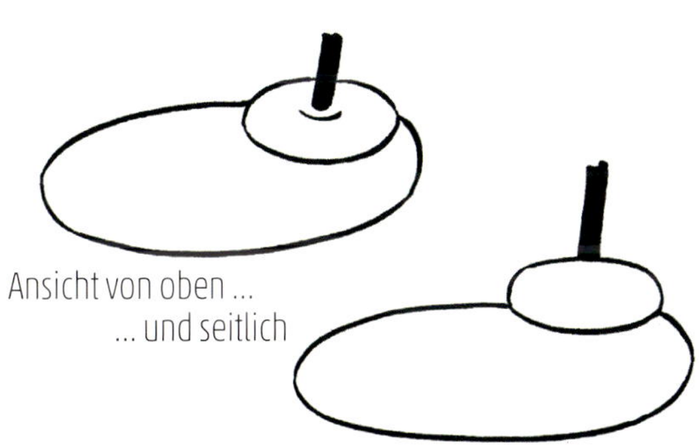

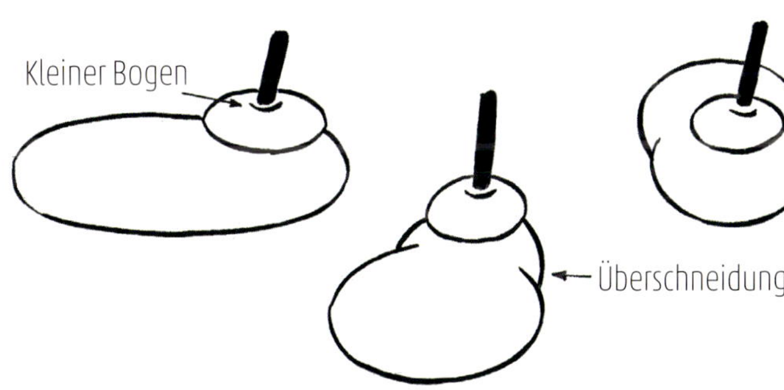

Knick und Sohle

» DER KNICK

Werden die Schuhe beim Gehen geknickt, teilt sich das große Oval. Dadurch ergibt sich eine Falte. Achte darauf, wie du sie zeichnest: Je nach Überschneidung erscheint die Fersenpartie oder die Schuhspitze näher. Es wird also von diesem kleinen Detail bestimmt, ob der Schuh von vorne oder von hinten zu sehen ist! Das kleine Oval und das Bein werden dann entsprechend der Ansicht eingezeichnet.

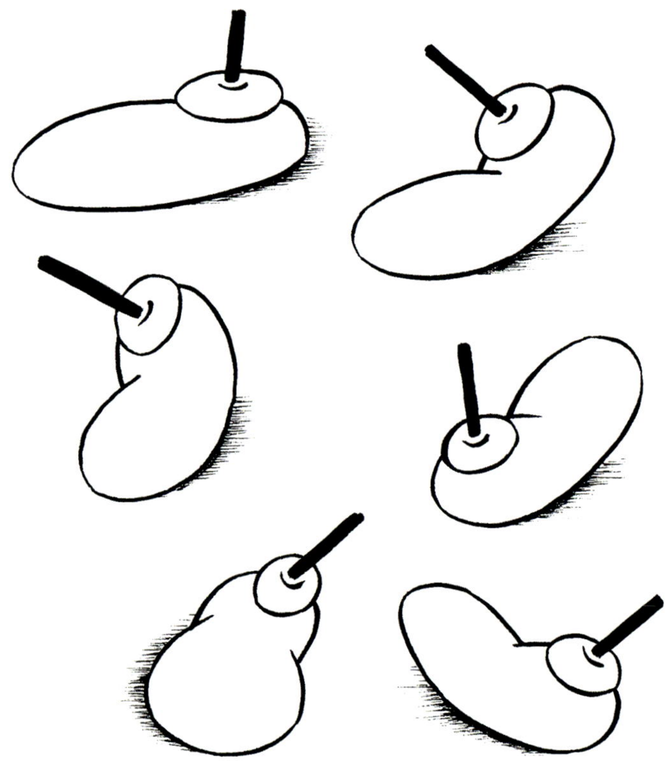

» DAS UNSICHTBARE

Im Zeichnen gilt eine wichtige Regel: **Zeichne immer das Unsichtbare mit!** Nur so kannst du einen Gegenstand oder eine Figur dreidimensional erfassen.

Gemäß dieser Regel zeichnest du die Sohlen, die ja meist nicht zu sehen sind, immer mit! So siehst du, ob die Schuhe richtig auf dem Boden stehen.

» DER TRICK MIT DEM SANDWICHBROT

Manchmal sind die Sohlen – oder zumindest ein Teil davon – tatsächlich zu sehen. Zur besseren Vorstellung ist der folgende Trick hilfreich:

- Nimm an, du hast ein längliches Sandwichbrot. Das schneidest du längs in der Mitte durch. Die eine Hälfte legst du mit der Schnittfläche nach unten auf den Tisch.
- Nun drückst du auf einer Seite drauf, und auf der anderen hebst du es an. Die Schnittfläche, die jetzt zu sehen ist, stellt den sichtbaren Teil der Sohle dar.
- Du brauchst jetzt nur noch das kleine Oval oben richtig draufzusetzen und das Strichmännchen-Bein einzustecken!

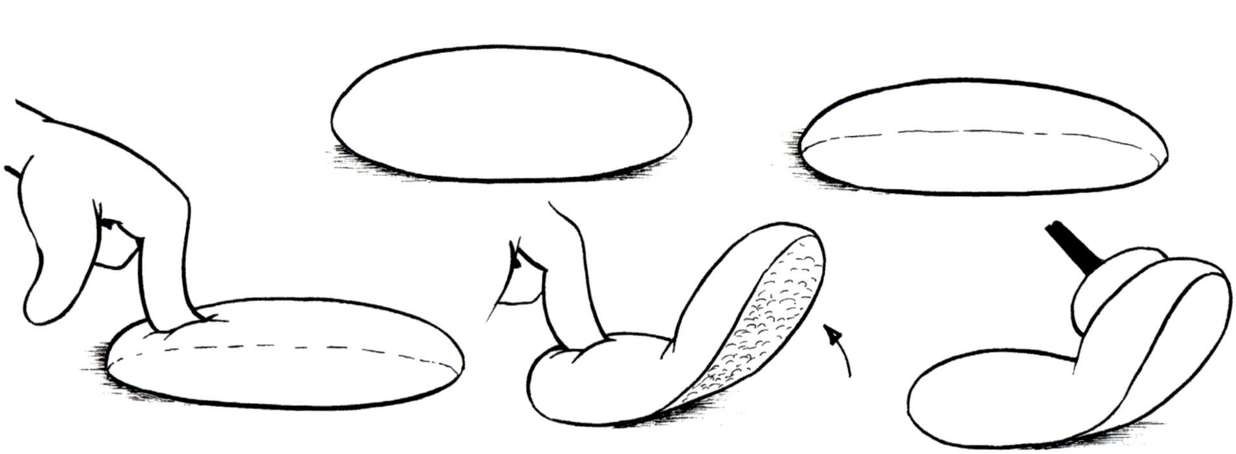

Die Schuh-Show

» GUTE BEZIEHUNGEN

Vieles im Leben wird durch gute Beziehungen erleichtert, sagt man. Das ist wohl wahr - und gilt auch, wenn du Schuhe zeichnest! Hier geht es um die Beziehung zwischen den Schuhen und dem Boden. Ob das Strichmännchen sitzt, steht, geht, rennt oder hochspringt – es hat immer etwas mit dem Boden zu tun! Wie du den Boden und die Schuhe zeichnest, haben wir angeschaut. Nun geht es also darum, die beiden zusammenzubringen. Das wird alles andere als eine langweilige Beziehungskiste!

» DIE SCHUH-SHOW

Die Strichmännchen haben sich für die folgende Show einen Tarnumhang übergeworfen, der alles - außer den Beinen und den Schuhen – unsichtbar macht. So kannst du dich auf das Wesentliche konzentrieren und aus zwei verschiedenen Perspektiven zuschauen, wie die Strichmännchen-Beine eine flotte Sohle aufs Parkett legen. Achte dabei auf die Boden-Schuh-Beziehung. Lass dich davon inspirieren und mach dann mit deinem Zeichenstift eine eigene Show!

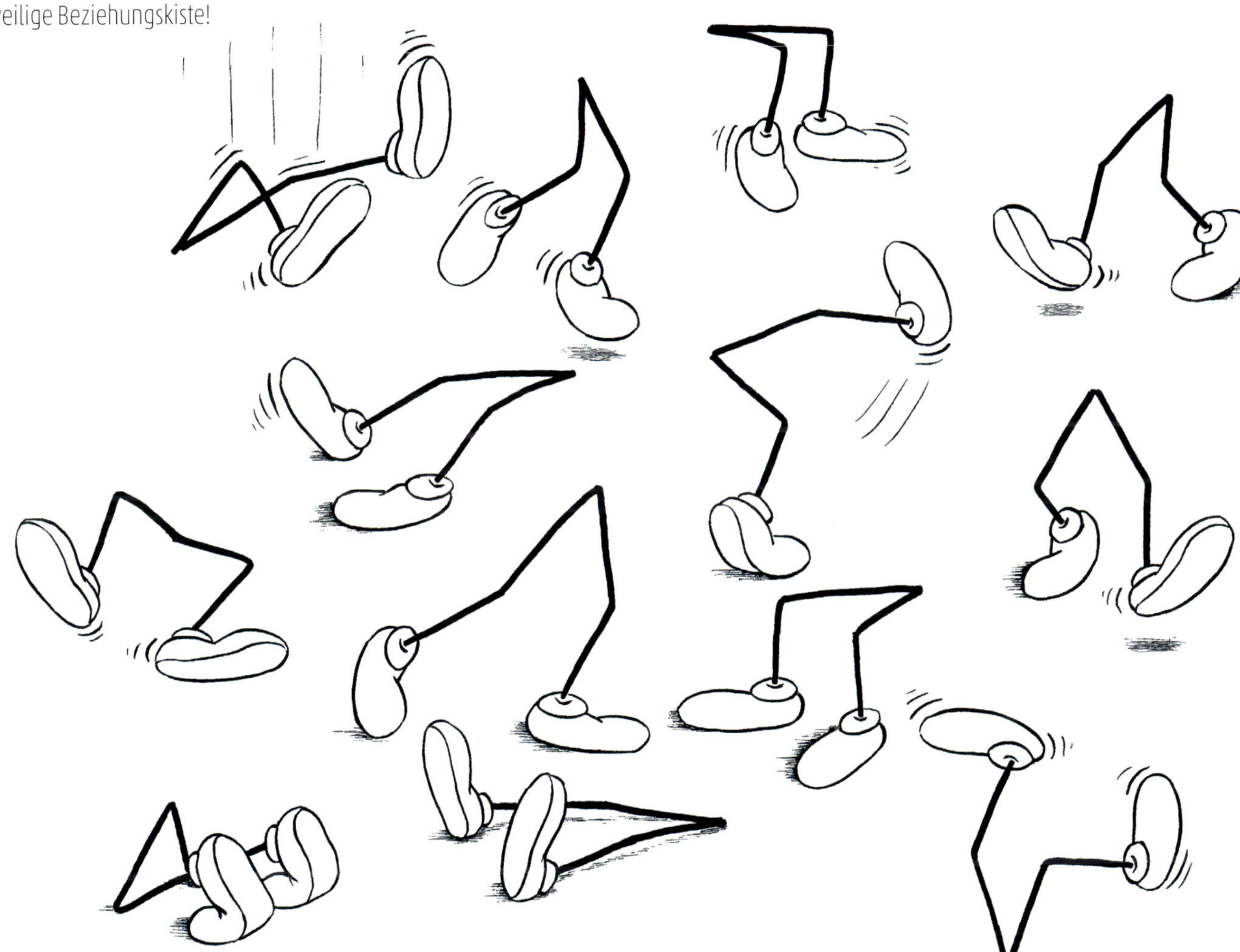

» **P.S. Auf Seite 46 und 47 kannst du die Schuh-Show ohne Tarnumhang sehen!**

4-Finger-Hände

» VIER FINGER

Wie besprochen haben die Strichmännchen nur vier Finger an einer Hand. Das ist auch gut so, denn bei ihren dünnen Armen würde eine Hand mit fünf Fingern völlig überladen wirken! Damit man gar nicht auf die Idee kommt, dass ein Finger fehlt, wird die Hand mit kurzen, pummeligen Fingern gezeichnet, und zwar im Gummi-Design, welches so typisch ist für die Hände von Micky Maus und Co., die ja ebenfalls nur vier Finger haben. Weil man sich bei dieser eleganten Methode nicht um die einzelnen Glieder und Knöchel zu kümmern braucht, wird das Zeichnen von Händen stark vereinfacht! Du gehst dabei in fünf Schritten vor:

» FÜNF SCHRITTE

1. Zeichne als Erstes immer den Handteller, d.h. einen Kreis oder – bei einer seitlichen Ansicht – eine Ellipse.

2. Setze den Daumenballen ein. So stellst du sicher, dass der Daumen auf der richtigen Seite der Hand ist.

3. Zeichne die Finger zuerst als einfache Striche. Auf diese Weise kannst du ihre Position und die unterschiedliche Länge bestimmen.

4. Mach aus den Strichen pummelige Würstchen, die ungefähr gleich dick sind.

5. Korrigiere die Form der Würstchen mit viel Gefühl, damit sie zu Fingern und Daumen werden und die Hand ganz natürlich aussehen lassen.

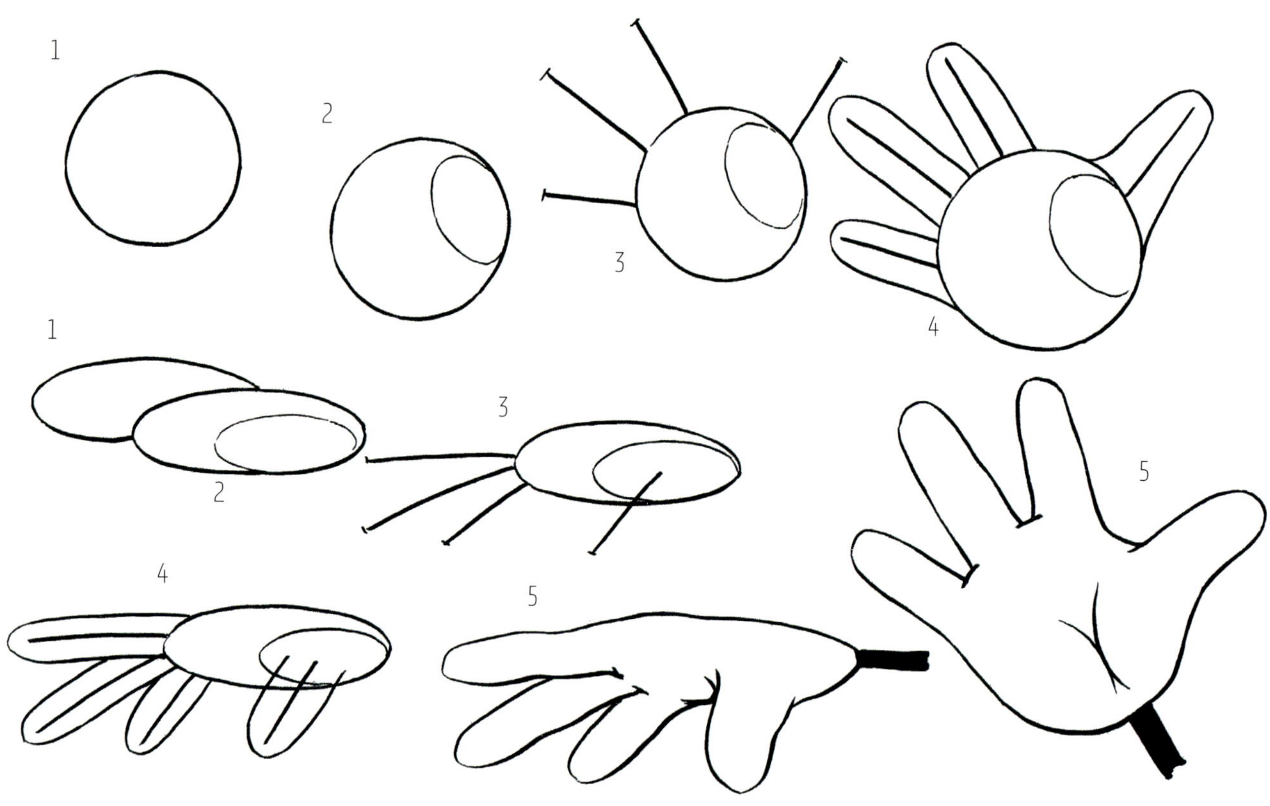

Die Knackpunkte

» DIE KNACKPUNKTE

1. Die Distanz zwischen dem Daumen und den Fingern ist größer als zwischen den Fingern.
2. Der Daumen hat eine typische, leicht gebogene Form.
3. Beachte die unterschiedliche Länge der Finger.
4. Zeichne im Handteller den Daumenballen mit einem Strich ein und gib das zweite Volumen mit einem weiteren Strich an.
5. Deute die Hautfalte zwischen den drei Fingern mit kurzen Strichen an.
6. Ziehe den Strich vom Daumen zur Innenseite der Hand etwas weiter, sodass eine Überschneidung entsteht. Beachte dabei den kleinen Unterschied zwischen Innenseite und Handrücken!
7. Bei Ansicht des Handrückens gib die Knöchel mit kleinen Strichen an.

Diese Punkte hat Trotzki aufgelistet. Spasski bezeichnet sie als „Erbsenzähler-Zeug". Doch Trotzki hat recht: Damit die Hände natürlich aussehen, sollten all diese Details beachtet werden!

Hände zeichnen ist auch eine Sache des Gefühls! Deshalb geht es nicht ohne Spasski. Gemeinsam haben die beiden für dich auf den nächsten zwei Seiten ein Spielfeld mit allen möglichen Händen vorbereitet. Zeichne sie ab und lass dich von ihnen zu eigenen Varianten anregen. Viel Spaß!

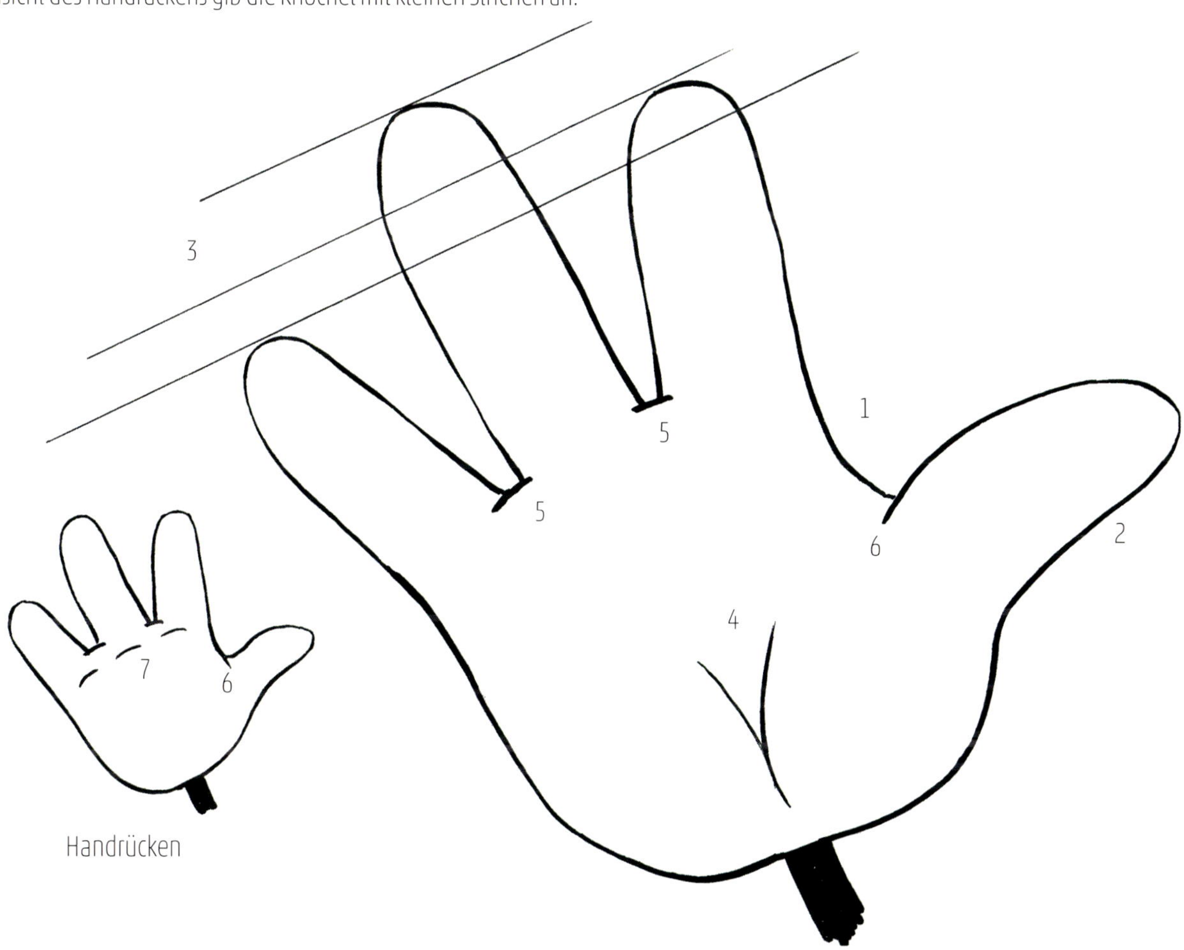

Redende Hände

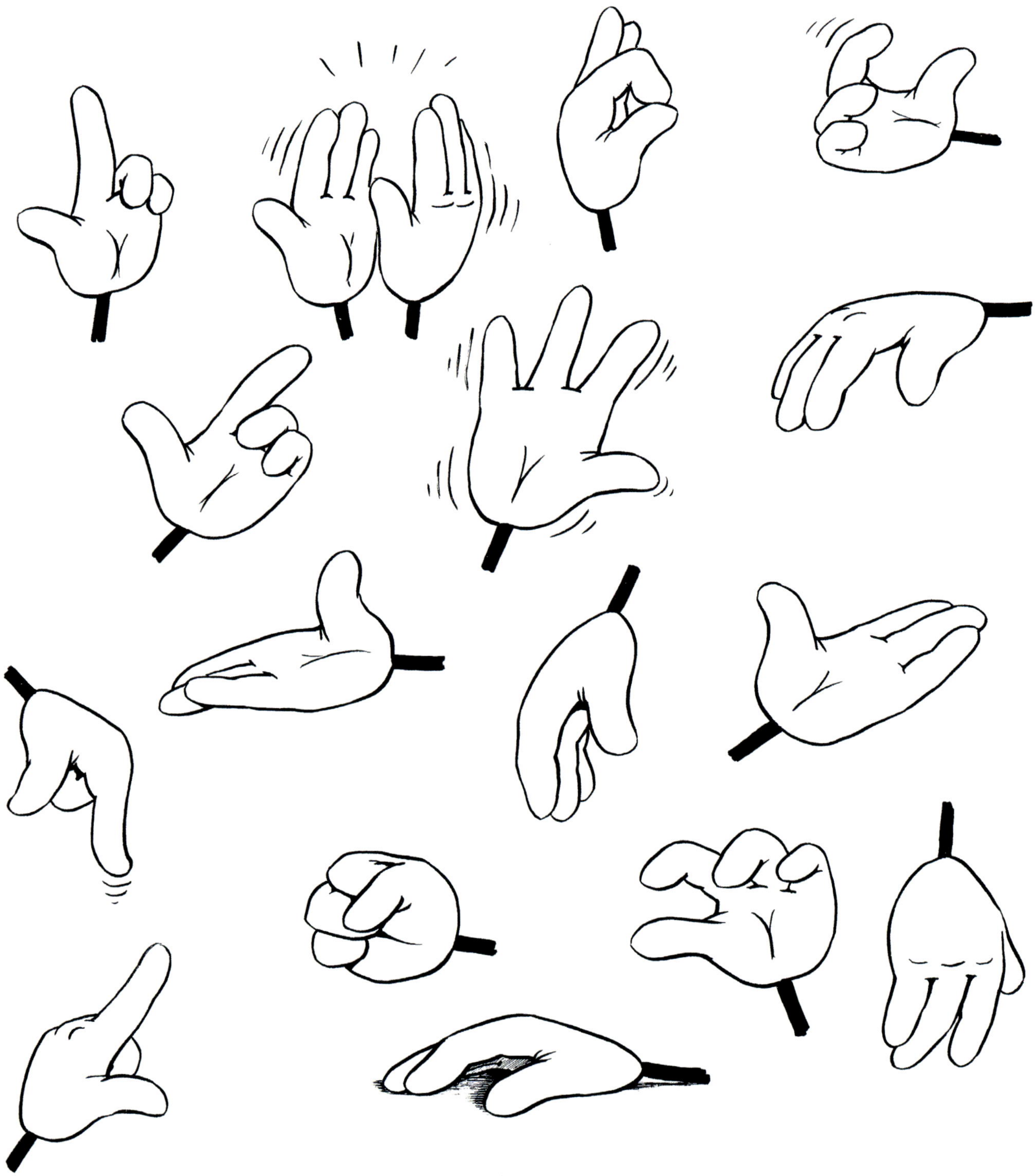

Handelnde Hände

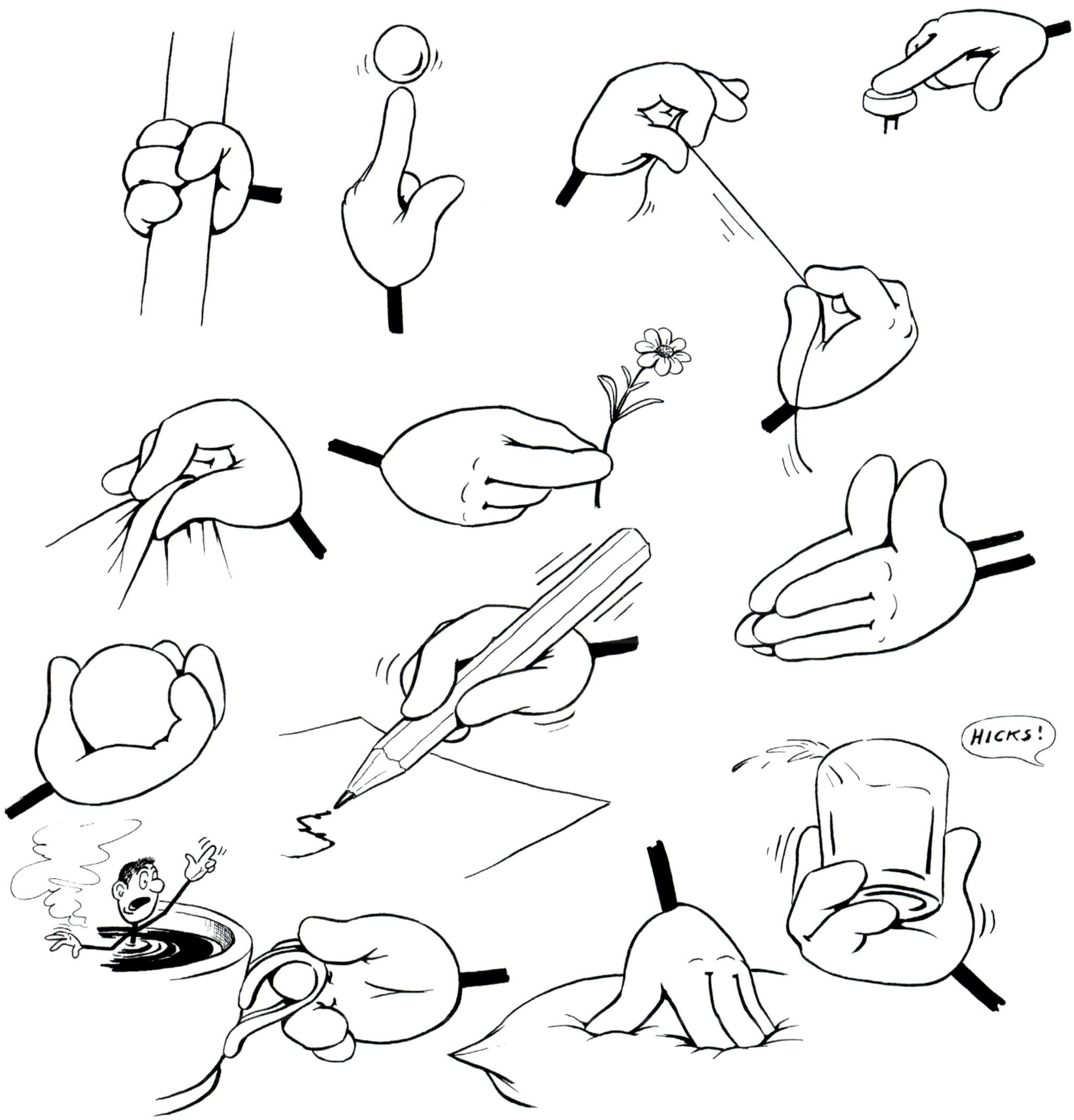

Der Schatten

» DER MITSPIELER

Bei der Schuh-Show auf Seite 39 war ein Mitspieler dabei, den du vielleicht gar nicht bemerkt hast. Das wäre kein Wunder, denn er scheut das Rampenlicht, und wenn die Scheinwerfer auf ihn gerichtet werden, verschwindet er: der Schatten.

Auch wenn er kein Hauptdarsteller ist, spielt er doch immer mit - ohne Ausnahme! Dank des Schattens erkennst du, ob die Schuhe richtig auf dem Boden stehen. Und wenn bei einem rennenden oder hochspringenden Strichmännchen die Schuhe in die Luft gehen, bleibt er schön brav am Boden. So kannst du dank ihm die Distanz zwischen Schuh und Boden sichtbar machen. Der Schatten ist zwar ein unscheinbarer, aber wichtiger Mitspieler! Er verdient es, dass wir ihm hier die gebührende Aufmerksamkeit schenken.

» SCHATTEN ZEICHNEN

Zuerst legst du fest, woher das Licht kommt. Der Schatten wird dann in diesem Bild natürlich immer auf derselben Seite erscheinen.

Direkt beim Schuh ist der Schatten am dunkelsten und wird von da weg immer schwächer. Genauso zeichnest du ihn: von Schwarz bis Grau. Am einfachsten geht das mit dem Bleistift. Das ergibt einen schönen Grauton, den du außerdem mit dem Finger verwischen kannst, sodass er nach außen schwächer wird.

Den Schatten mit dem Marker zu zeichnen ist etwas anspruchsvoller. Bei dieser Technik erzielst du unterschiedliche Grautöne mit mehr oder weniger dichten parallelen Linien. Mit dem feinsten Stift mit fester Spitze ziehst du waagrechte Striche, und zwar immer vom Schuh weg. Damit es dir leichter von der Hand geht, kannst du das Blatt drehen. In drei Durchgängen mit jeweils kürzeren Strichen erzielst du den Grauton mit dem gewünschten Verlauf.

Die Distanz zwischen dem Boden und einem Schuh in der Luft gibst du mit einem Schatten unter dem Schuh an, der umso schwächer wird, je weiter der Schuh vom Boden entfernt ist.

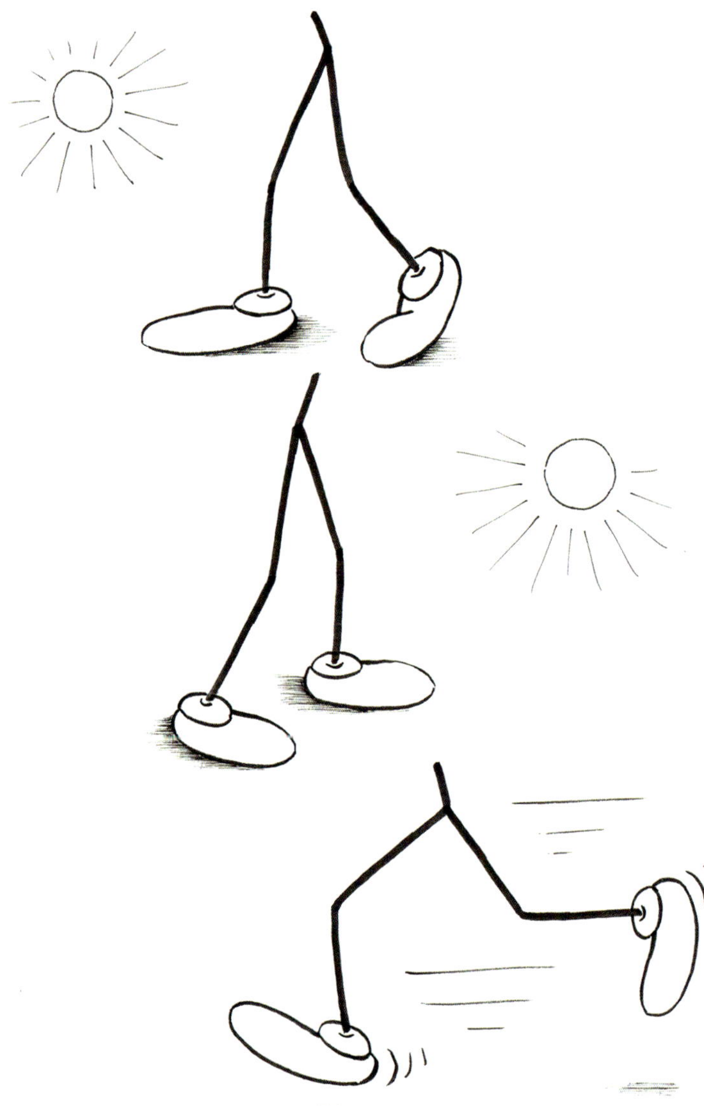

Bewegungszeichen

» ZWEI ZAUBERMITTEL

Wenn du zeichnest, zauberst du! Das ist nicht übertrieben, denn du erschaffst tatsächlich auf einem flachen Stück Papier eine Illusion: Etwas, das dreidimensional und – im Fall von Strichmännchen – sogar lebendig erscheint. Wenn das keine Magie ist! Augen und Mund und damit die Gefühlsausdrücke sind den „de Luxes" vorbehalten. Deshalb konzentrieren sich die „Standards" auf eine andere Stärke: die Körpersprache. Das machen zwar bereits die „Economys". Während diese mit ihrer Schnelligkeit punkten, trumpfen die „Standards" mit ihren verfeinerten Händen und Schuhen auf. Jetzt kannst du ihnen noch zwei weitere Zaubermittel in die Hand geben: die Bewegungslinien und die Aktionszeichen.

» DIE BEWEGUNGSLINIEN

Wenn ein Strichmännchen rennt, hochspringt, runterfällt oder sich anderswie schnell bewegt, verstärkst du mit diesen Linien die Bewegung. Es sind Linien in der Luft, deshalb werden sie nicht mit groben Strichen, sondern luftig leicht gezeichnet! Am besten verwendest du dafür den Marker mit der Brush-Spitze, der variable Strichdicken ermöglicht. So kannst du die Linien im Nichts beginnen und wieder enden lassen – wie einen an- und abschwellenden Ton.

Es braucht nicht viele Striche. Zeichne sie in unterschiedlicher Länge. Meist schön parallel, außer beim Hochspringen, da erscheinen sie trichterförmig vom Absprungpunkt aus.

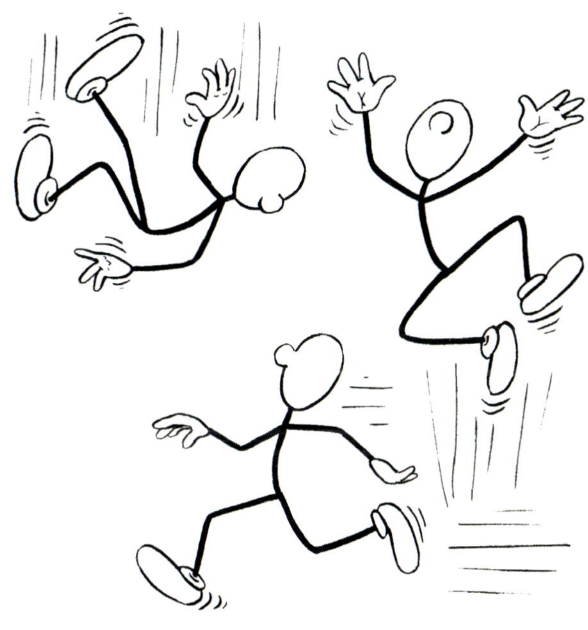

» DIE AKTIONSZEICHEN

Dieses zweite Zauberzeichen stellt quasi den Abdruck in der Luft dar, wo ein Körperteil den Bruchteil einer Sekunde zuvor noch war. Deshalb bilden sie exakt die Form des bewegten Teils ab! Zwei bis drei Striche reichen. Die Aktionszeichen werden auf der Seite gezeichnet, von der die Bewegung kommt. Bei einer Hin- und Her-Bewegung, wie z.B. einer winkenden Hand, erscheinen sie natürlich beidseitig. Die Aktionszeichen lassen sich allein oder mit Bewegungslinien kombiniert einsetzen.

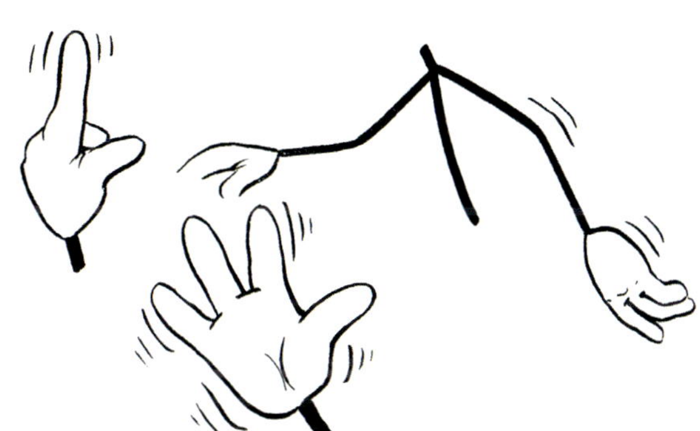

Bewegte Strichmännchen

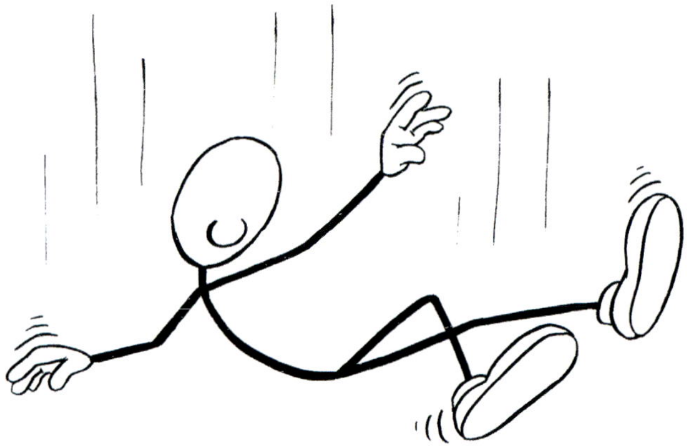

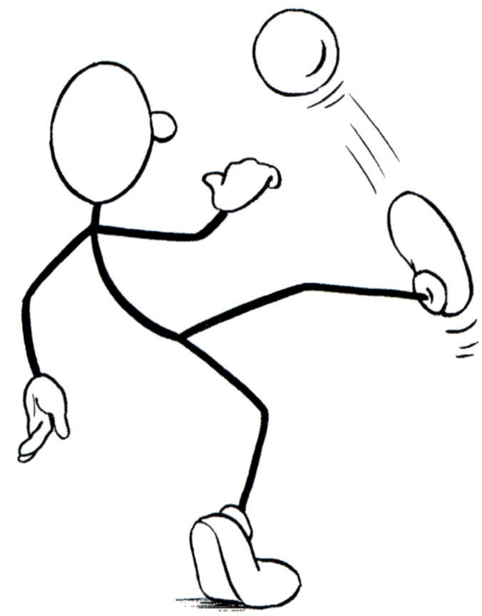

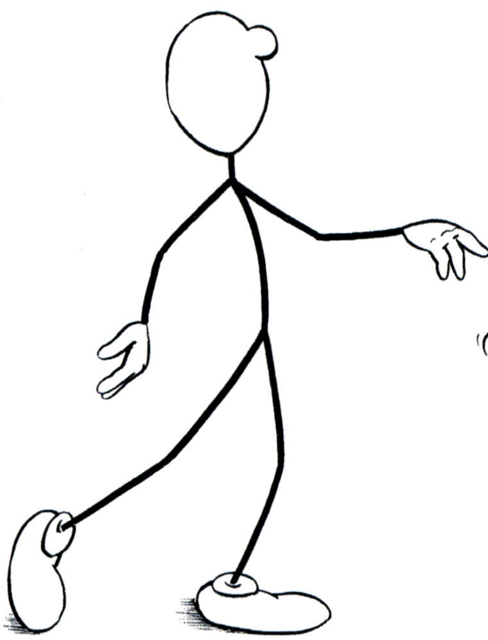

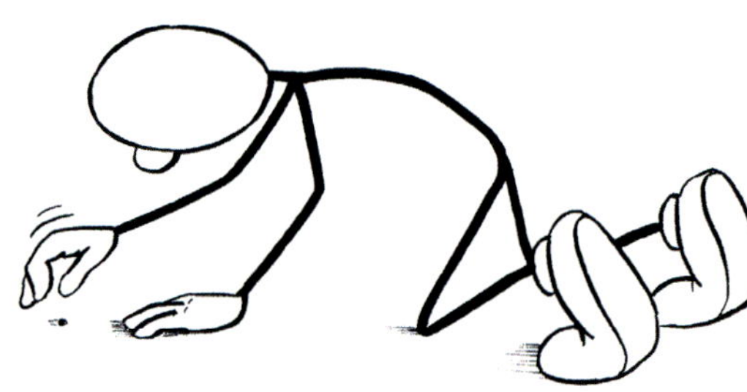

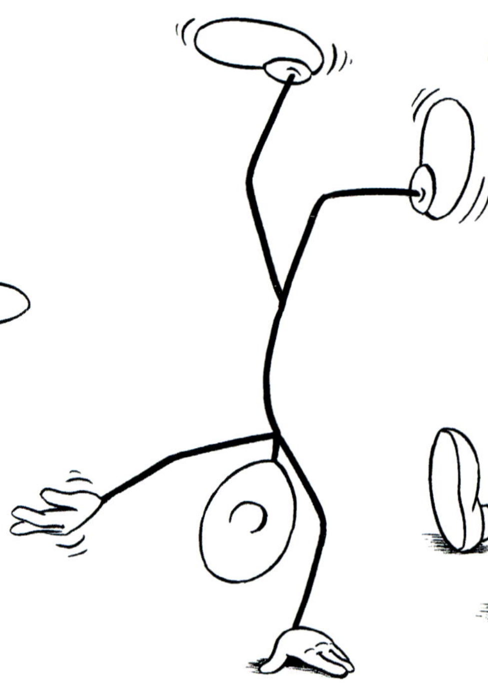

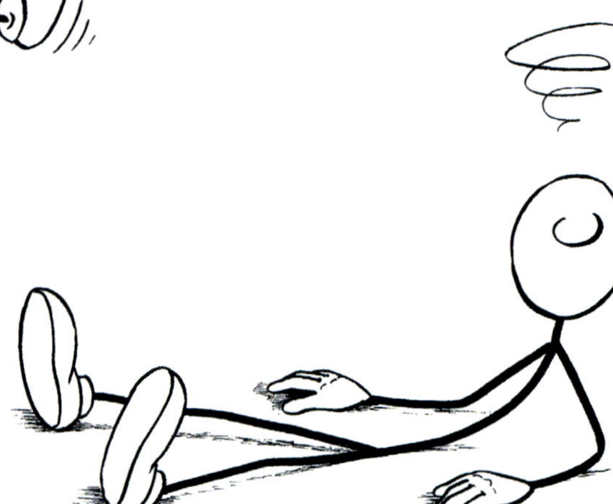

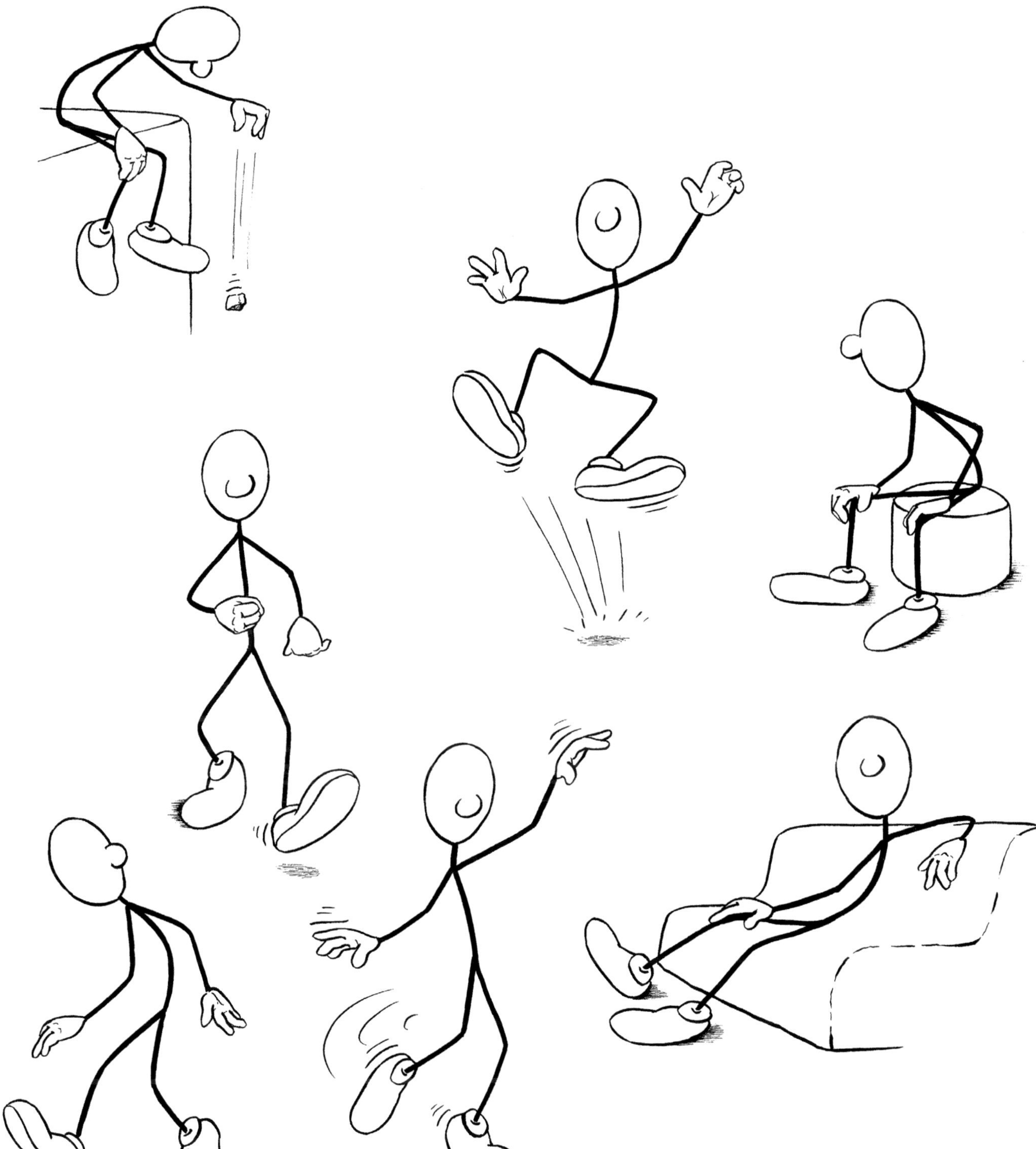

AUFGABEN STANDARD

DIE PERSPEKTIVE

- ◯ „Den Teppich legen": Perspektive mit Horizont = Augenhöhe und Fluchtpunkt. Mit Fluchtlinien und waagrechten Strichen die Illusion von Boden schaffen. (34)
- ◯ Frosch-, Vogel- und andere Perspektiven – die Augenhöhe verändern. (35)
- ◯ Strichmännchen in den Raum stellen – nah und fern. (36)

DIE SCHUHE

- ◯ Das Strichmännchen-Schuhmodell: Oval mit Aufsatz. Die Knackpunkte zum Beachten. (37)
- ◯ Knick und Falte. Ansicht mit Sohlen – der Sandwichbrot-Trick. (38)
- ◯ Strichmännchen-Schuhe auf den Boden stellen. Richtige Ansicht von Schuh und Sohle. (39)

DIE HÄNDE

- ◯ 4-Finger-Hände zeichnen. Pummelige Finger im Gummi-Design: Der Aufbau in 5 Schritten. (40)
- ◯ Die Knackpunkte beim Zeichnen von Händen beachten. (41)
- ◯ Varianten von ruhenden, redenden und handelnden Händen zeichnen. (42, 43)

DIE EXTRAS

- ◯ Mit Schatten das Zusammenspiel von Schuhen und Boden verdeutlichen. (44)
- ◯ Mit Bewegungslinien und Aktionszeichen Bewegungen verstärken. (45)

GANZE FIGUR

- ◯ Immer von einer Hauptlinien-Coproduktion von Spasski und Trotzki ausgehen! Ergänzen mit pummeligen 4-Finger-Händen und Schuhen im Strichmännchen-Design. (23–25 / 37–43)
- ◯ Möglichst viele Varianten von natürlichen Haltungen und lebendigen Bewegungen perspektivisch richtig darstellen und mit den Extras die Aussagekraft verstärken. (44–47)

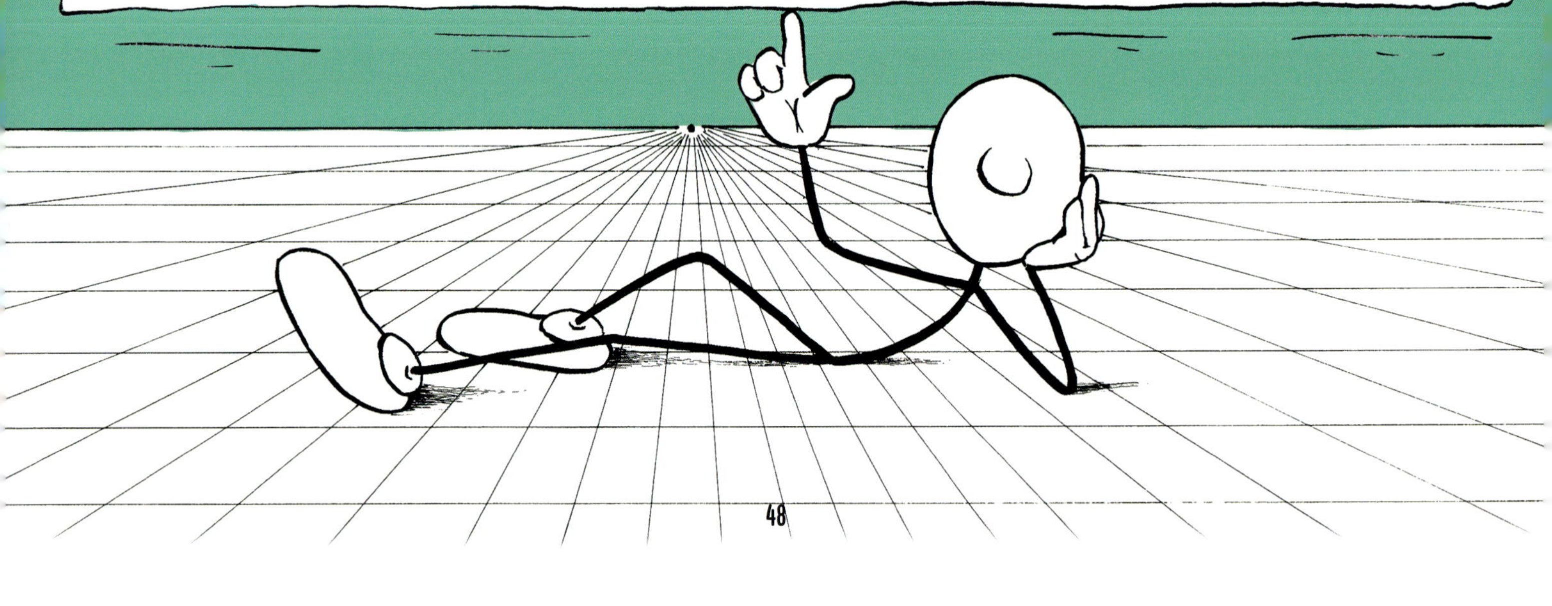

DRITTER ERFOLG!

» CHECKPUNKTE

- ○ **Die Perspektive:** „Teppich legen" und Ansicht verändern
- ○ **Die Schuhe:** Strichmännchen-Design, Knick und Sohle, Beziehung zum Boden
- ○ **Die Hände:** Pummelige 4-Finger-Hände, ruhende, redende und handelnde Hände
- ○ **Extras:** Schatten, Bewegungslinien und Aktionszeichen
- ○ **Ganze Figur:** Körpersprache mit Händen, Schuhen und Perspektive

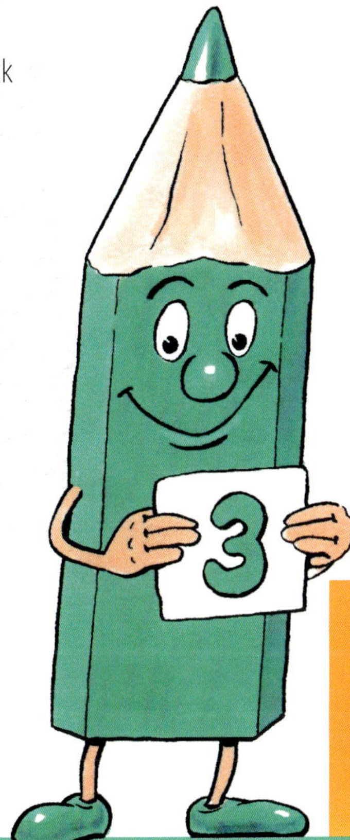

Sind die Aufgaben geschafft und die Checkpunkte geprüft?
Dann hast du den **grünen Stift** gewonnen.

HERZLICHEN GLÜCKWUNSCH!

Der Weg zur Stufe „de Luxe" ist nun frei.
Du kannst aber auch direkt auf die Stufe 5 springen!

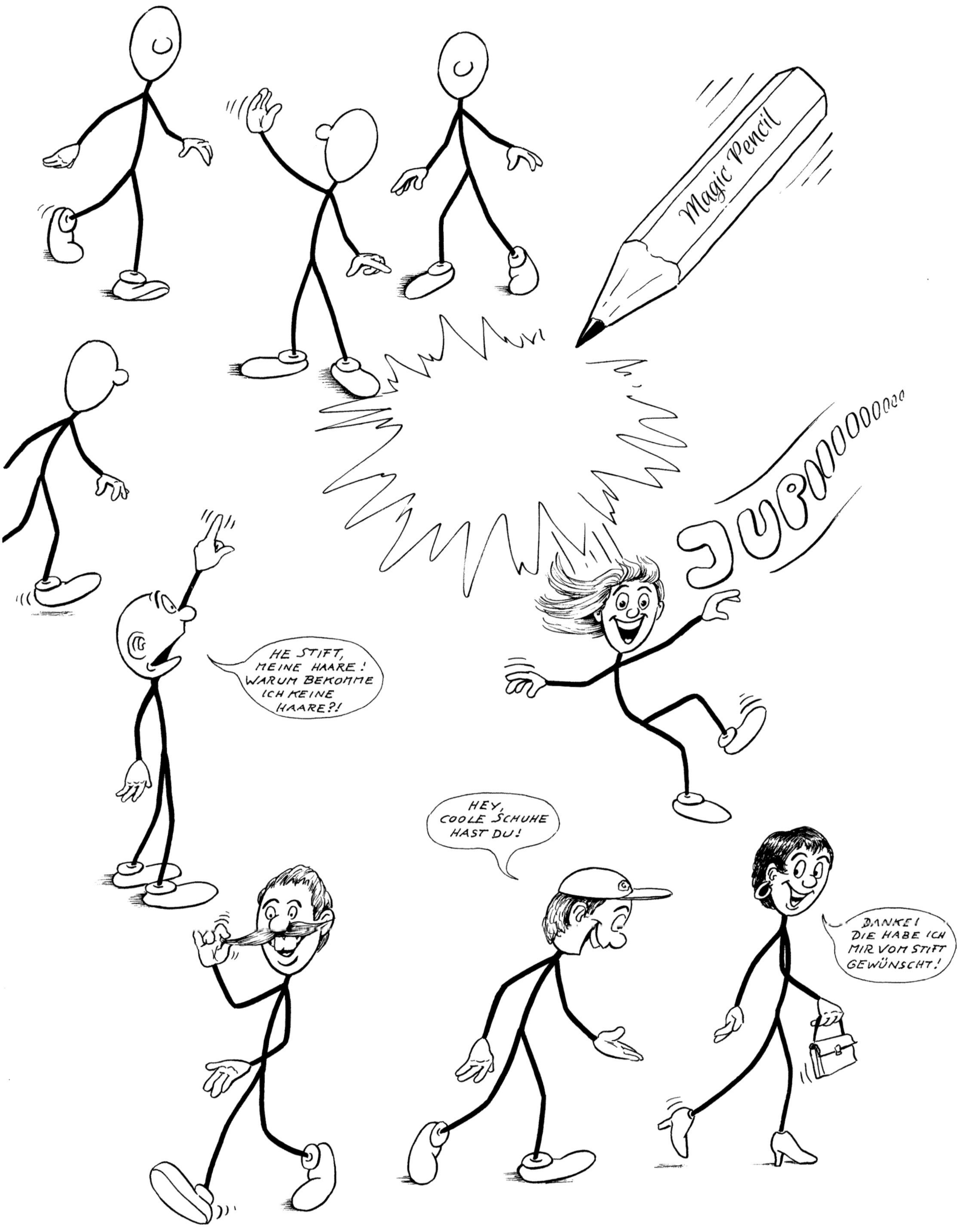
Magic Pencil
JUPIIIIIIIIII
HE STIFT, MEINE HAARE! WARUM BEKOMME ICH KEINE HAARE?!
HEY, COOLE SCHUHE HAST DU!
DANKE! DIE HABE ICH MIR VOM STIFT GEWÜNSCHT!

STRICHMÄNNCHEN DE LUXE

MIT WORTEN UND GEFÜHLEN – UND HOLDER WEIBLICHKEIT

» Auftritt der Stars: das Dreamteam Augen und Mund

» Die Ausdruckszeichen: kleine Striche – große Wirkung

» Das Sahnehäubchen für die Figuren: die Frisuren

» Haben auch etwas zu sagen: die Sprech- und Gedankenblasen

» Die Accessoires – der erste Schritt zum Cartoon

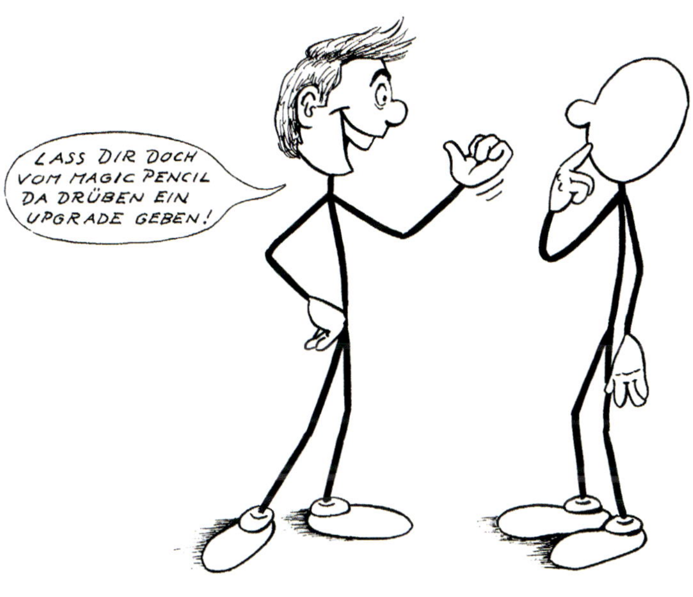

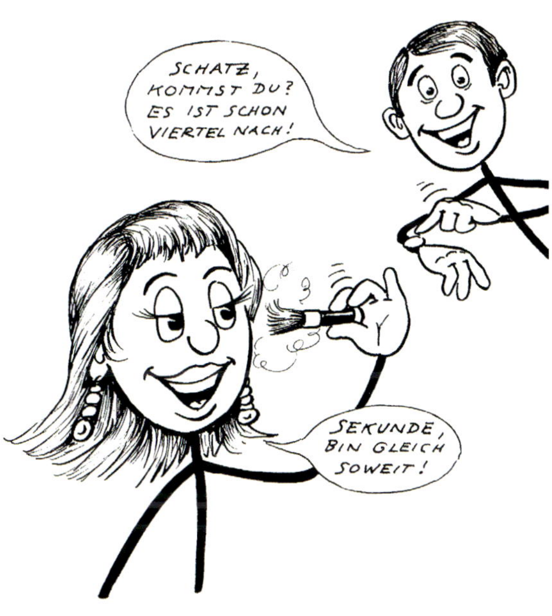

DIE 3-STRICH-OHREN

» EINSTIEG IN DIE LUXUS-KLASSE!

Wie wir gesehen haben, können die Strichmännchen allein mit ihrer Körpersprache schon ganz viel ausdrücken. Noch besser ginge es natürlich, wenn sie nicht nur eine Knollennase, sondern auch Augen, Mund und Ohren hätten. Deshalb kommt diese zusätzliche Ausstattung nun bei den „de Luxes" dazu!

Die Haare sind ein weiterer Bonus der Luxus-Klasse. Dank ihnen können wir nicht nur Frisuren und Bärte zeichnen – und damit bestimmte Typen darstellen –, sondern auch endlich die Frauenquote erfüllen und attraktive Strichmädchen in die Welt setzen! Die Weiblichkeit lässt sich nämlich bei einem Körper, der auf Striche reduziert ist, praktisch nur mit Hilfe von Haaren darstellen. Vollere Lippen und Augenwimpern sind ebenfalls feminine Attribute. Diese setzen wir gerne als ergänzende Details ein. Augenfällig sind jedoch die Haare, deshalb haben sie in diesem Kapitel ihren großen Auftritt.

Schließlich befassen wir uns noch mit Gedanken- und Sprechblasen sowie den Accessoires. Diese Extras sind nicht Teil der Figur – aber wichtige Zusatzelemente, die mithelfen, ein Strichmännchen in seiner Eigenart genauer zu beschreiben.

» DIE DREI-STRICH-OHREN

Zuerst schauen wir die Ohren an. Eingesetzt werden sie auf Nasenhöhe, seitlich etwa in der Mitte des Kopfs oder etwas dahinter. Sie sind nicht so anspruchsvoll wie Augen und Mund – die beiden Stars, die dauernd eine Show abziehen. Die Ohren sind genügsam, behalten immer die gleiche Form und lassen sich tatsächlich mit nur drei Strichen zeichnen!

Der erste Strich gibt die Form und Größe des Ohrs an, und der zweite bildet den Rand. Für den dritten Strich, der das Innenohr vereinfacht darstellt, gibt es eine Eselsbrücke: Beim linken Ohr ist es ein Fragezeichen – ohne den Punkt – und beim rechten ein S. Die Rundung oben wird nur halb ausgeführt, so dass sie nach vorne offen bleibt und diese typische kleine Ausbuchtung vor dem Ohreingang ergibt.

Das untere Ende verlängerst du nach oben bis unter den Rand, sodass sich die Ohrmuschel bildet.

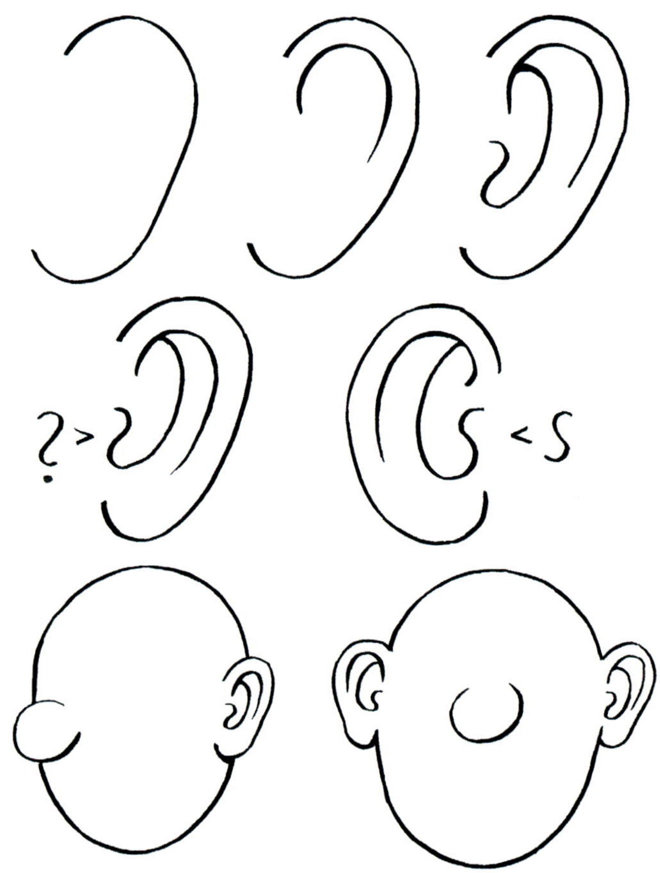

Die Spiegeleier-Augen

In diesem Kapitel werden nun die zwei Stars - Augen und Mund – die Bühne betreten! Doch bevor die gemeinsame Show beginnt, haben beide erst einmal einen Soloauftritt. Die Augen machen den Anfang. Mit dem weißen Umfeld und großen Pupillen sehen sie fast wie Spiegeleier aus. Daher haben sie ihren Spitznamen.

Erst werden Oval und Pupille vorgestellt und auf der nächsten Seite dann die Augenbrauen und die Augenlider. Als unentbehrliche Helfer kommen diese aber bei den folgenden Beispielen schon zum Einsatz.

» DIE AUGENOVALE

Dank dem Augenoval haben die Pupillen ein Spielfeld, auf welchem sie sich nach allen Seiten bewegen können. Das hat gegenüber einfachen Knopfaugen den Vorteil, dass sich dadurch die Blickrichtung bestimmen lässt. Damit es richtig gezeichnet wird, mag es hilfreich sein, sich das Augenoval als einen ovalen Lappen vorzustellen, der auf der Rundung des Eierkopfs aufliegt.

Die Ovale sollten beide auf derselben Höhe sein. Im Bemühen, der Knollennase auszuweichen, wird bei einer seitlichen Ansicht das hintere der beiden Ovale gerne zu hoch angesetzt. Dieser Fehler passiert oft, deshalb lohnt es sich, darauf zu achten.

Zwar haben die Augenovale immer denselben Abstand zur Mittellinie, doch können sie eng oder weit auseinanderstehen. Dies - wie auch eine unterschiedliche Größe der Ovale - lässt völlig andere Typen entstehen!

» DIE PUPILLE

Der Ausdruck wird maßgeblich durch die Pupille bestimmt. Eine Faustregel besagt, dass große Pupillen einen positiven und kleine einen negativen Gesichtsausdruck ergeben. Die Augen eines schönen Strichmädchens wirst du daher groß und strahlend und diejenigen einer wütenden Person mit kleinen, stechenden Pupillen zeichnen.

Der Glanz in den Augen ergibt sich durch einen kleinen weißen Spickel im Schwarz der Pupille. Zeichne diesen nicht zu groß und in der Form eines Kuchenstücks, das ausgeschnitten wird.

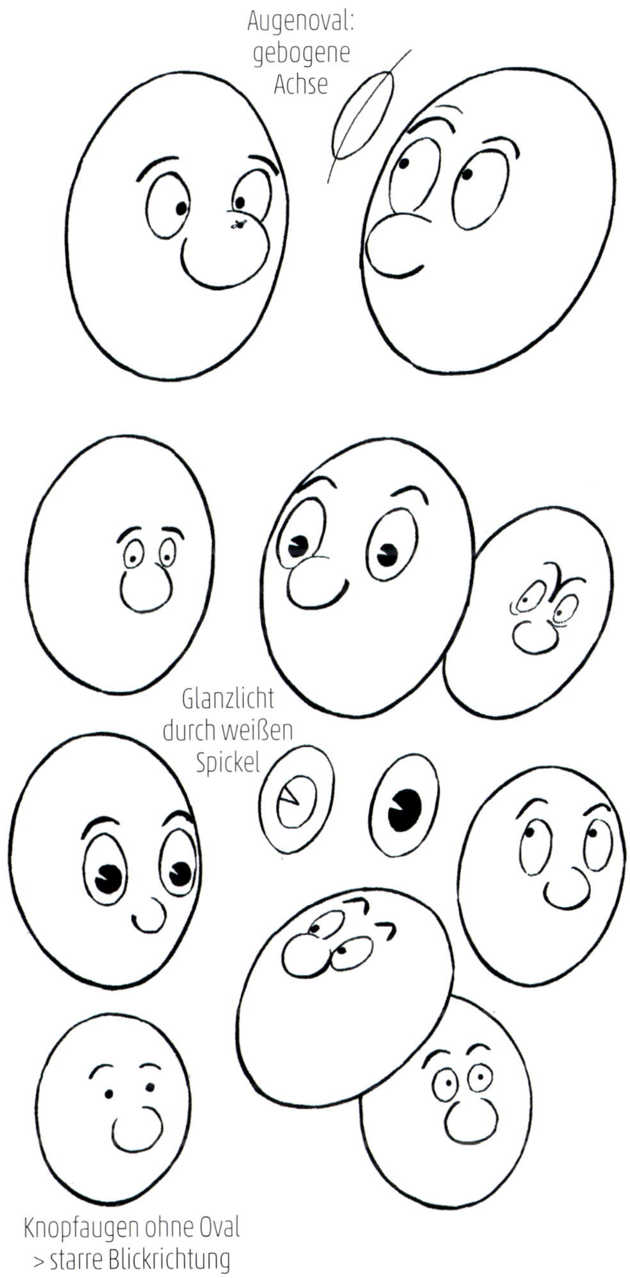

DAS AUGEN-HILFSPERSONAL

Augenbrauen und Augenlider – manchmal mit Wimpern – tragen viel zu einer starken Wirkung bei: Sie unterstreichen den Ausdruck von Oval und Pupille – oder machen ihn sogar erst möglich! Zum Hilfspersonal der Augen gehören auch die Tränensäcke. Diese kommen zwar selten vor, doch für einige Ausdrücke sind sie unentbehrlich.

» DIE AUGENBRAUEN

Der Bogen der Augenbrauen kann kräftig oder fein, gerade oder rund sein. Er kann hoch oder tief angesetzt werden – oder sich sogar bei der Nasenwurzel zu einem bedrohlichen Gewitter zusammenbrauen. Wie auch immer – die Brauen haben immer die Aufgabe, den Ausdruck zu verstärken, der von Oval und Pupille vorgegeben wird!

» DIE AUGENLIDER

Die Lider werden nur für bestimmte Ausdrücke eingesetzt:

Weiblich: In Kombination mit großen, strahlenden Pupillen und Wimpern ergibt sich ein umwerfend femininer Ausdruck!

Müde: Lassen sich die Augen vor lauter Müdigkeit nicht mehr offen halten, werden die Lider schwer und senken sich. Da der Blick vollständig nach innen gerichtet ist, sind die Pupillen winzig klein und werden von den Lidern fast verdeckt.

Gelangweilt: Dieselben Lider wie bei „müde". Doch die Pupillen werden etwas größer gezeichnet, da der Blick noch etwas mehr nach außen gerichtet ist.

Lauernd: Die Pupillen sind klein. Die halb gesenkten Lider dienen dazu, die Absicht zu verbergen. Der Blick aus den Augenwinkeln ergibt einen versteckt beobachtenden, lauernden Ausdruck.

Fies: Ebenfalls ein Blick aus den Augenwinkeln. Die Lider sollen eine hinterhältige Absicht verbergen, welche sich aber durch das fiese Grinsen verrät. Für diesen Ausdruck ist natürlich das Teamwork mit dem Mund erforderlich.

Schlafend: Hier können die Augenlider auf zwei kleine Bogen reduziert werden. Die Augenovale sind ganz verdeckt.

» DIE WIMPERN

Dieses feminine Attribut wird eingesetzt, um das weibliche Element zu betonen. Die Wimpern werden mit ein paar feinen, elegant geschwungenen Strichen nach außen gezogen.

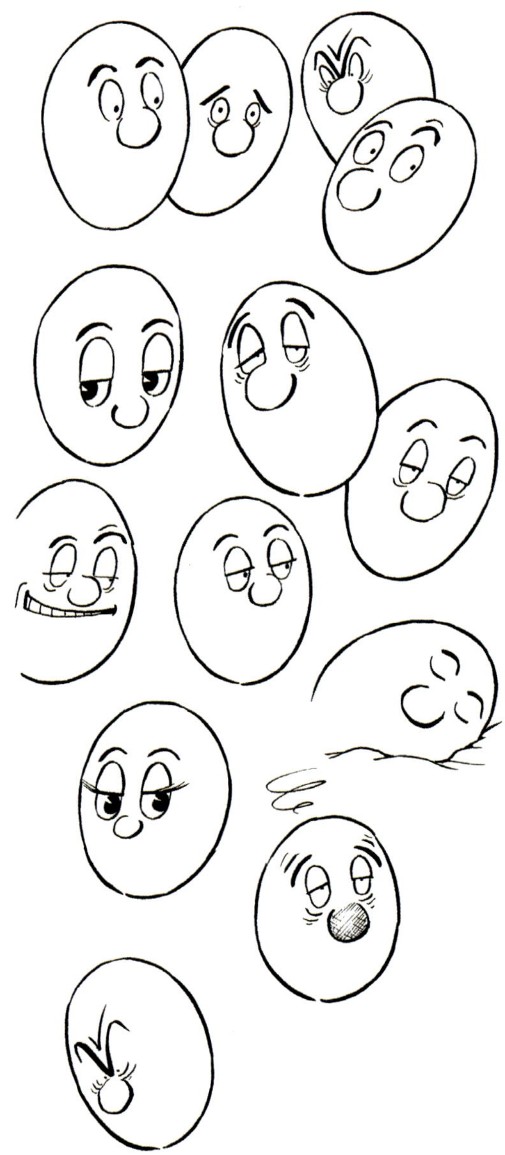

AUGEN-BLICKE

Unzählige Varianten von Ausdrücken ergeben sich durch das Zusammenspiel der einzelnen Elemente. Die feinen Nuancen durch kleinste Änderungen der wenigen Striche führen uns eindrücklich die wunderbare Magie des Zeichnens vor Augen!

Die Beispiele auf dieser Seite geben einen Einblick in die mannigfaltigen Möglichkeiten, die sich allein mit den Augen eröffnen. Mögen sie dich zu vielen eigenen Kreationen ermuntern!

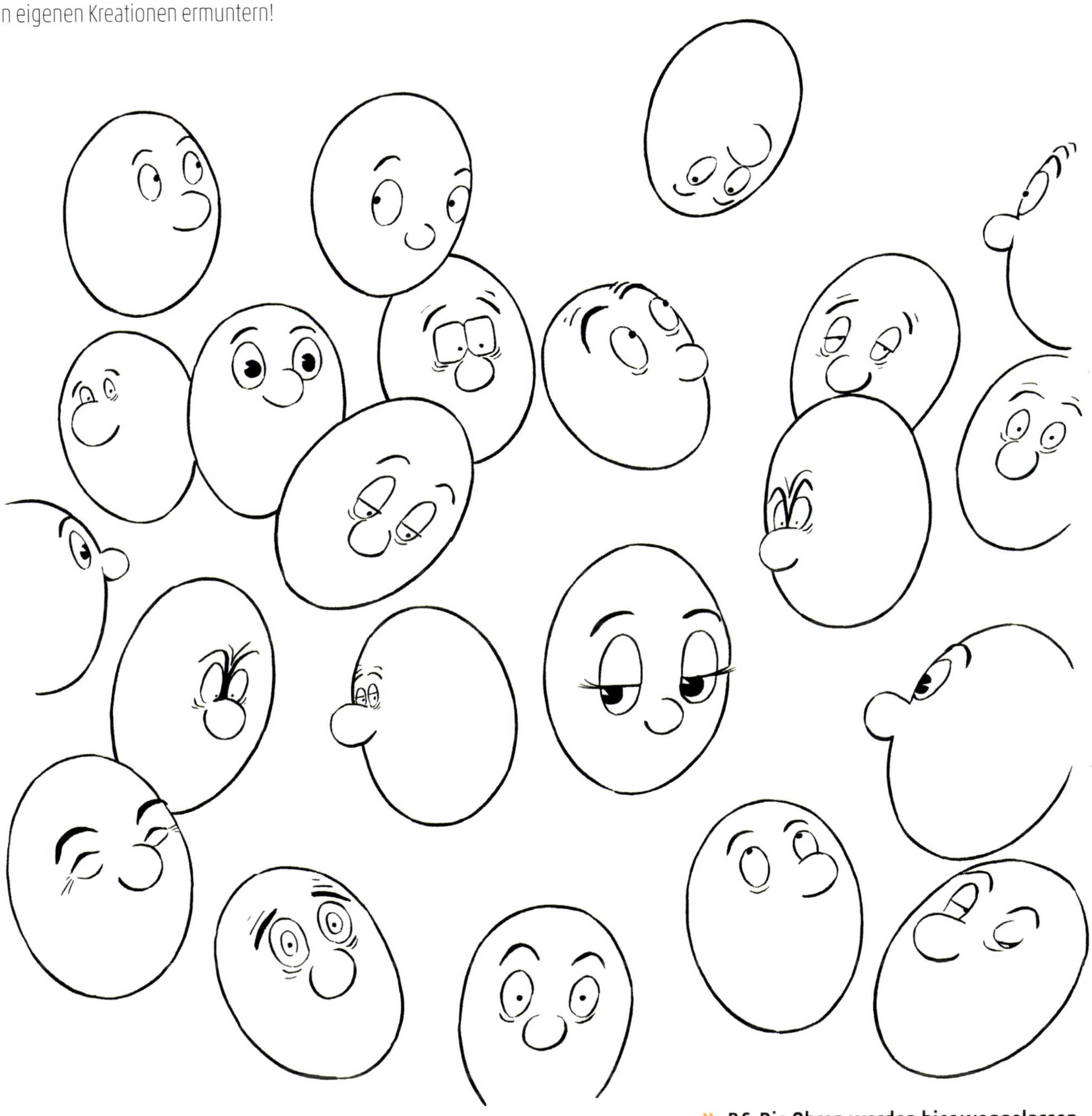

» **P.S. Die Ohren werden hier weggelassen, um nicht von der Augen-Show abzulenken.**

DER STRICHMUND

» DER GESCHLOSSENE MUND

Vorhang auf für den Mund und den ersten Teil seiner Show „Der geschlossene Mund". Wir werden gleich sehen, wie er mit wenigen Strichen eine Fülle von Ausdrücken aufs Papier zaubern kann!

» DIE VIER STRICHE DES MUNDS

Der Strichmund ist die einfachste Variante. Er besteht nur aus wenigen Strichen: Der Mund selber, die zwei Mundwinkel und ein kleiner Bogen, welcher die Unterlippe andeutet.

Wenn der Mund entweder klein oder schräg zur Seite gezogen ist, wird einer der beiden Mundwinkel weggelassen.

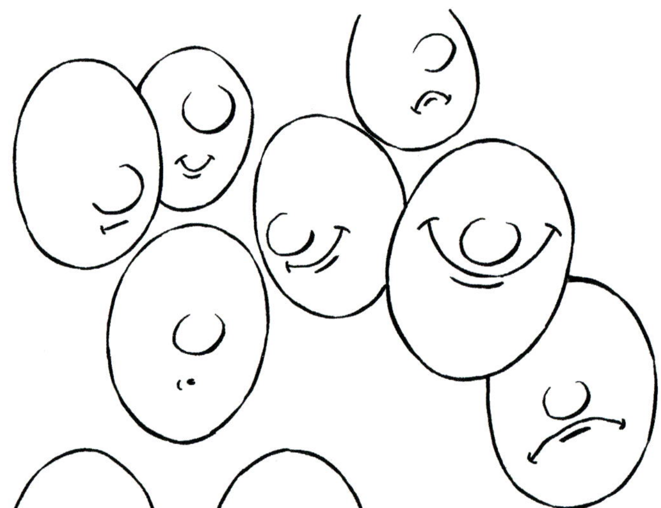

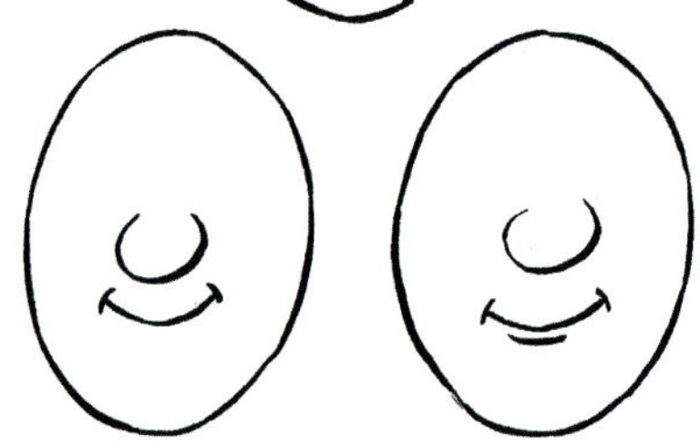

Der Mund mit und ohne den 4. Strich

» DAS SPIELFELD DES MUNDS

Der ganze Bereich unterhalb der Nase ist das Spielfeld des Munds. Nütze es aus!

Nach links und rechts: Im Gegensatz zu den Augen braucht der Mund nicht immer eingemittet zu sein! Zeichnest du ihn schräg, ergibt sich ein ganz bestimmter Gesichtsausdruck.

Nach oben und unten: Veränderst du den Abstand zwischen Nase und Mund, entsteht mit ein und demselben Strichmund ein ganz anderer Typ!

Den Abstand zwischen Mund und Nase verändern

> Unterschiedliche Typen (Beispiel 1–3)

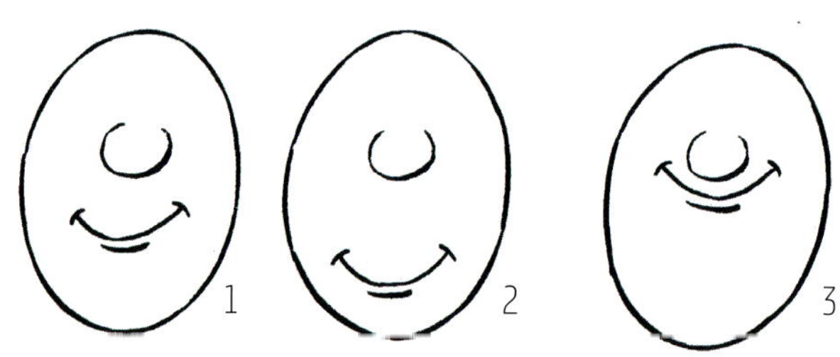

» DIE GEFÜHLSAUSDRÜCKE

Jedes Kind weiß, dass ein Mund, der nach oben oder unten gebogen ist, einen positiven oder negativen Gesichtsausdruck darstellt. Dazwischen liegt nicht nur der ganz gerade Mund, welcher einen neutralen, distanzierten oder nüchternen Eindruck erweckt, sondern eine Vielzahl von subtilen Ausdrücken, die sich mit kleinsten Nuancen der Striche ergeben. Das lässt sich weniger mit dem Verstand als vielmehr mit Gefühl erfassen!

Lass dich von den Beispielen anregen und erfinde selber weitere Ausdrücke – allein mit diesen wenigen Strichen!

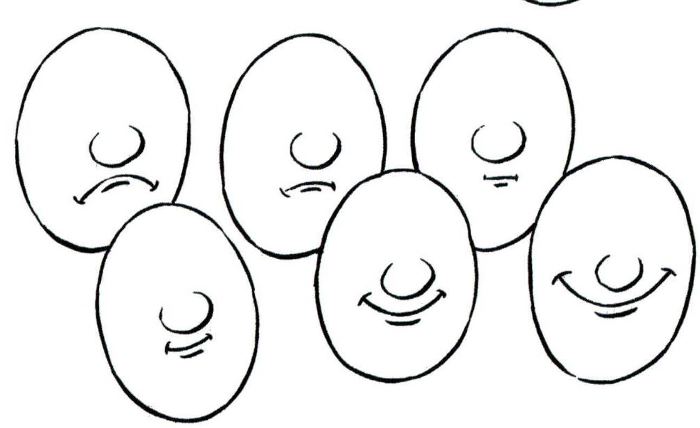

ZUNGE UND ZÄHNE

» DER OFFENE MUND

Nun geht für den zweiten Teil der Show der Vorhang auf – und damit auch der Mund der Strichmännchen. Zunge und Zähne treten jetzt in Erscheinung – und auf der nächsten Seite werden gar volle weibliche Lippen dazukommen. Da reichen vier Striche nicht mehr aus!

» MUND MIT ZÄHNEN

Zähne kannst du darstellen

1. als weiße, halbmondförmige Fläche,
2. mit angedeutetem Zahnfleisch,
3. indem du jeden einzelnen Zahn zeichnest.

» DER POSITIVE AUSDRUCK

Für einen positiven Ausdruck verwendest du nur Variante 1 und 2. Das „Gartenzaun-Design" von Variante 3 ist nicht geeignet. Es ist unnötig, jeden einzelnen Zahn zu zeichnen. Außerdem wirkt dies etwas unangenehm. Der Eindruck von einzelnen Zähnen ergibt sich, indem sie oben mit dem Zahnfleisch und unten mit einem kleinen Einschnitt abgeschlossen werden. Das genügt.

Bei Variante 2 wird das Zahnfleisch entweder ganz gezeichnet oder nur unter der Oberlippe angedeutet. Setze bei den Mundwinkeln einen Akzent. Dieses Detail verstärkt – wie auch die Zunge – die räumliche Wirkung des Munds.

» DER NEGATIVE AUSDRUCK

Was sonst verpönt ist, wird bei einem negativen Ausdruck geradezu ein Muss: Zeichne alle Zähne, um einen bedrohlichen Eindruck zu erwecken! Wenn die Wut unterdrückt wird und deshalb die Zähne zusammengebissen sind, kannst du das mit zwei Zahnreihen darstellen. Bei allen anderen Ausdrücken – positiv wie negativ – sind immer nur die oberen Zähne sichtbar.

» ZAHNLOSER MUND

Bei der Variante "Mund ohne Zähne" zeichnest du einfach einen Strichmund, wie gehabt. Dann ziehst du die Unterlippe nach unten, wobei die Linie des ursprünglichen Munds als Oberlippe stehen bleibt. Die Öffnung, die sich ergibt, wird schwarz ausgemalt und die Zunge mit ihrer typischen Form ausgespart.

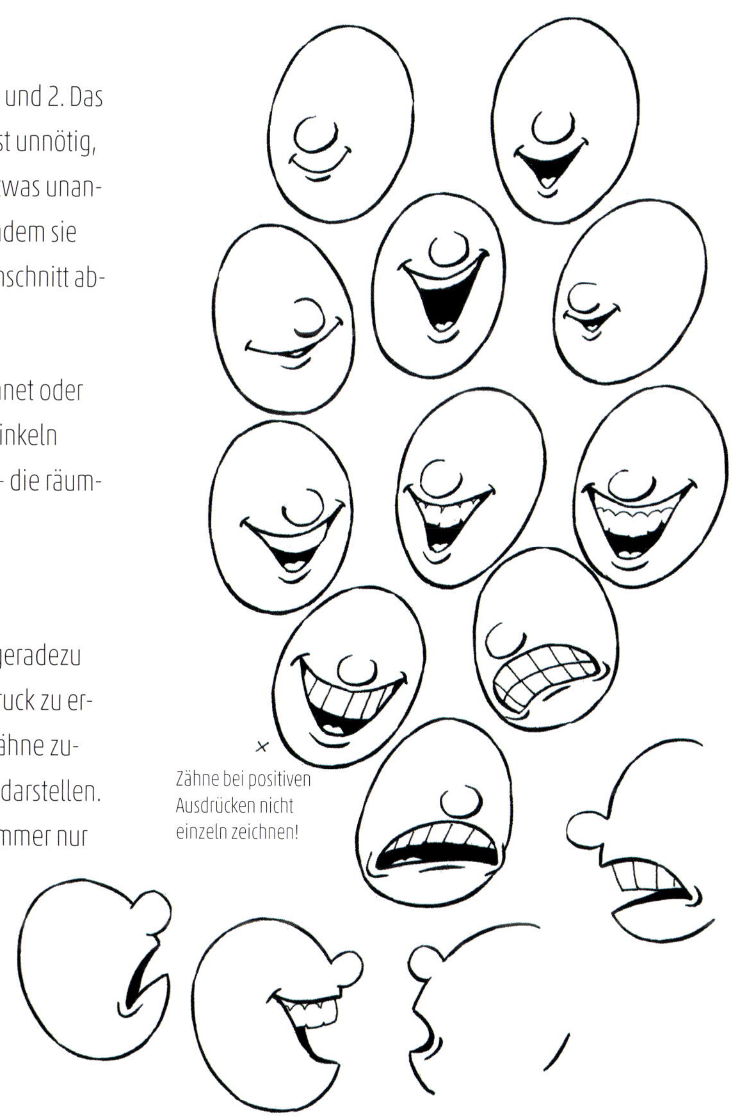

Weibliche Lippen

» ATTRIBUTE DER STRICHMÄDCHEN

Nachdem wir bereits gelernt haben, die Augenlider mit schönen Wimpern zu versehen, wollen die Strichmädchen nun auch passende Lippen dazu haben! Und bald werden wir mit den Haaren ein weiteres weibliches Attribut nachliefern müssen, weil ihnen der Glatzkopf nicht mehr gefällt. Doch eins nach dem andern – befassen wir uns erst mit den Lippen!

» DIE LIPPEN

Dem Strichmund kannst du mit wenig Aufwand den gewünschten weiblichen Touch geben. Dabei gibt es drei Möglichkeiten:

- linear
- mit Grautönen
- mit Farbe

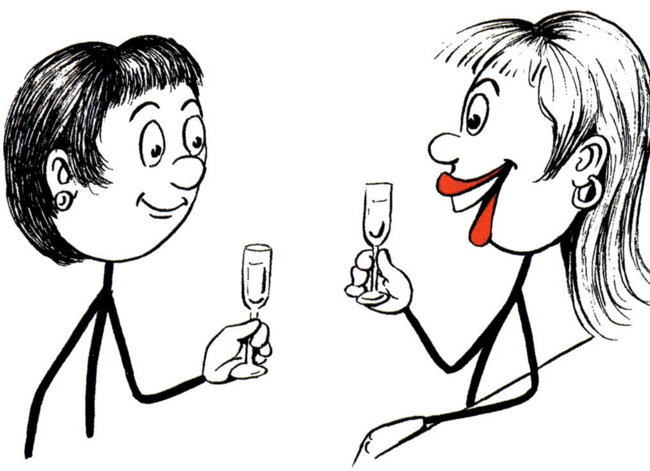

» LINEAR

Das ist die schnelle Variante. Dabei wird mit einem zweiten Strich die charakteristische Form der Oberlippe gebildet. Die Unterlippe kannst du entweder mit einem Strich andeuten oder richtig als Lippenform zeichnen.

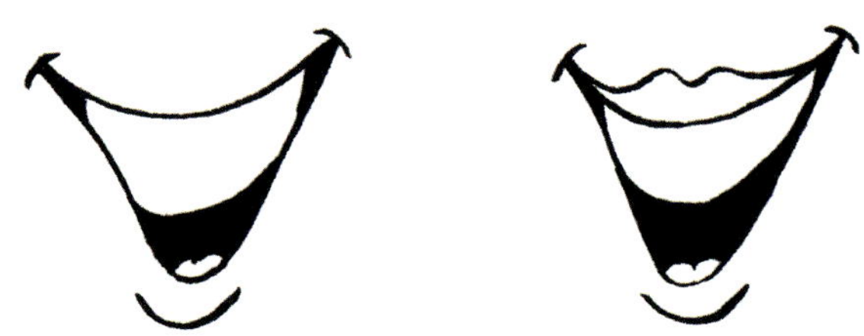

» GRAUTÖNE

Deutlicher kommt die weibliche Lippe zum Ausdruck, wenn du sie mit Grautönen wiedergibst. Beim offenen Mund darf dieser Ton jedoch nicht zu dunkel sein, damit sich die Lippen deutlich vom Schwarz des Mundinneren abheben. Ist das Zahnfleisch sichtbar, färbst du es ebenfalls mit einem regelmäßigen hellen Grauton ein. Das ergibt einen schönen Kontrast zum Weiß der Zähne.

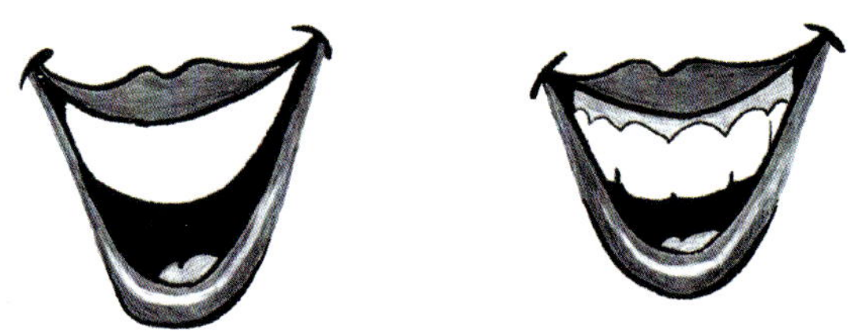

» FARBE

Wenn die Strichmännchen farbig sind, lassen sich weibliche Lippen besonders gut mit einem kräftigen Rot betonen. Ist das Zahnfleisch sichtbar, wird es mit einem rosa Ton koloriert.

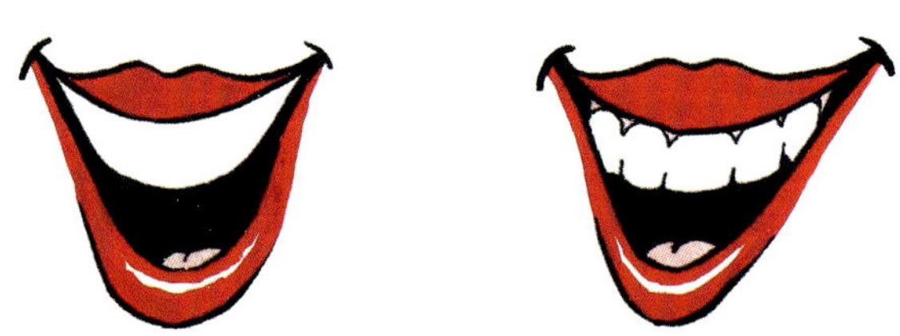

Die Ausdruckszeichen

» STRAHLEN, TRÖPFCHEN, WOLKEN UND BLITZE

Auf den Seiten 44 und 45 hast du bereits einige „Extras" kennengelernt, nämlich Zeichen, mit denen du Bewegungen ausdrücken oder verstärken kannst: Bewegungslinien und Aktionszeichen - und ihr Assistent, der Schatten. Soll in einem geschriebenen Text etwas betont werden, setzen wir ein Ausrufezeichen. Dieselbe Rolle spielen die Extras, die jetzt dazukommen. Sie verleihen den Gefühlen mehr Nachdruck. Das ist wichtig, denn Strichmännchen und -mädchen kennen genau wie wir alle Gefühlswetterlagen von strahlendem Sonnenschein bis Hagel, Blitz und Donner!

» STRAHLEN

Der Ausdruck „ein strahlendes Gesicht" verrät bereits, mit welchem Extra große Freude oder Begeisterung betont wird. Da es Strahlen und keine Haare sind, beginnen sie nicht direkt beim Kopf, sondern in einem gewissen Abstand davon. Sie werden mit ein paar wenigen Strichen gezeichnet – so luftig wie die Bewegungslinien – und zwar so, als kämen sie alle vom selben Punkt im Zentrum des Kopfs. aus. Eine Art fröhliche Explosion!

Wenn die Strahlen nicht oben aus dem Kopf, sondern aus dem Mund kommen, bläst ein anderer Wind – oder eher ein Sturm, denn da wird gebrüllt!

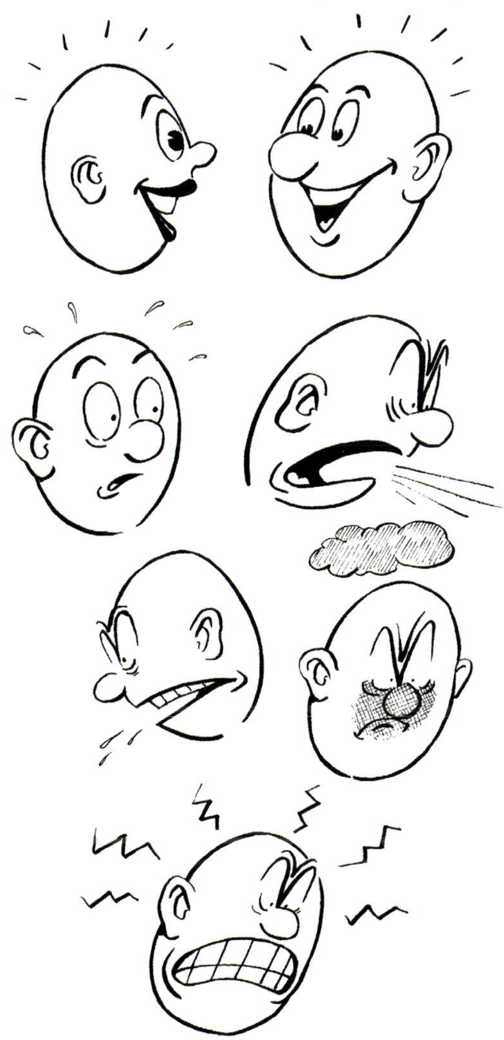

» TRÖPFCHEN

Dieses Extra kommt in drei verschiedenen Situationen vor:

Angst: Mit einem halben Dutzend kleiner Tröpfchen, die vom Kopf wegspritzen, lässt sich der Eindruck von Angstschweiß erwecken.

Überraschung: Ebenfalls mit Tröpfchen, jedoch mit einem anderen Gesichtsausdruck lässt sich ein starkes Erstaunen, Verblüffung oder Überraschung darstellen.

Schimpfen: Wird nicht gebrüllt, sondern nur geschimpft, kann dies bei einem entsprechend gezeichneten Mund mit ein paar Tröpfchen ausgedrückt werden.

» WOLKEN UND BLITZE

Unterdrückten Ärger stellst du mit einer grauen Gewitterwolke über dem Kopf dar. Indem du den Bereich von Mund, Nase und Augen schraffierst, kannst du den Ausdruck noch verstärken. Mit der Schraffur wird die Zornesröte in Grautöne übersetzt. So entsteht auch ein herrlicher Kontrast zu den aufgerissenen Augen mit den giftigen kleinen Pupillen!

Wut, die im Inneren kocht, aber nicht ausbricht, wird mit zusammengepressten Zähnen und Zornesblitzen dargestellt.

Das Dreamteam

» GEMEINSAMER AUFTRITT DER STARS

Wie du gesehen hast, sind Augen und Mund für sich allein schon eine große Nummer. Es gilt nun, ihre Stärken geschickt einzusetzen und miteinander in Harmonie zu bringen. Dass die Show mit einem gemeinsamen Auftritt noch eindrücklicher wird, zeigt der Vergleich mit Seite 56.

Ich hoffe, diese Seite inspiriert dich, mit den beiden Stars eine eigene Show auf die Bühne zu bringen!

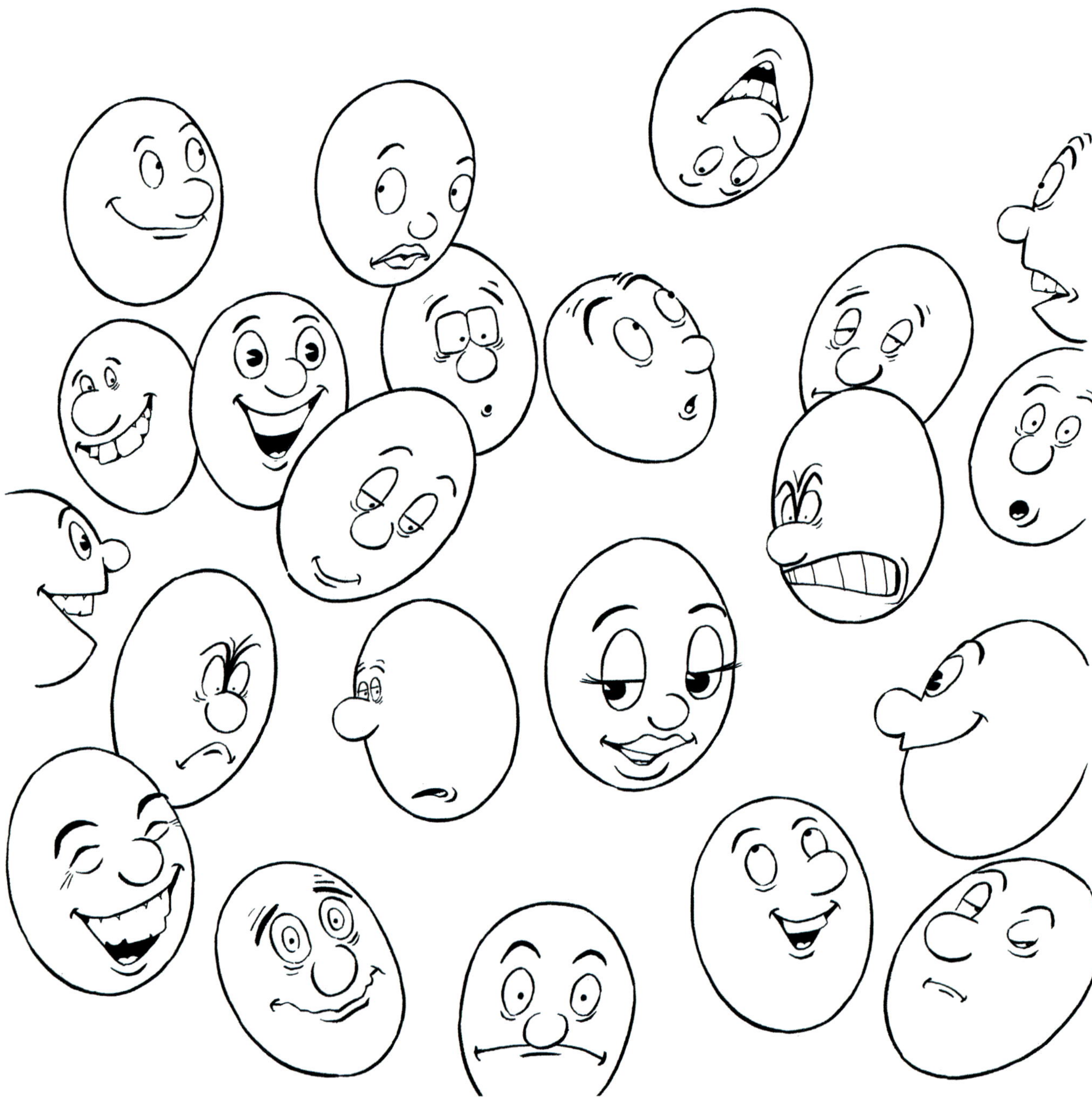

DER HAARVOLUMEN-TRICK

» DAS FEHLENDE PUZZLETEIL

Beim Zeichnen von Strichmännchen beschränken wir uns auf wenige Striche und lassen weg, was nicht unbedingt nötig ist. So konnten wir bisher auf die Haare verzichten. Doch jetzt, wo auch Strichmädchen aufgetaucht sind, führt kein Weg daran vorbei, denn mit Wimpern und femininen Lippen allein lässt sich ein weiblicher Eindruck nicht deutlich genug wiedergeben.

Dazu kommt, dass es von Vorteil ist, wenn auch die Männchen Haare tragen. Die Szene wird dadurch lebendiger und abwechslungsreicher. Außerdem lassen sich bestimmte Typen mit Frisur oder Bart besser charakterisieren.

Durch die große Vielfalt von Formen und Tönen erscheint das Zeichnen von Haaren auf den ersten Blick recht anspruchsvoll. Damit du dir deswegen nicht die Haare raufen musst, lernst du nun eine Methode kennen, mit welcher du dieses faszinierende Thema erfolgreich meistern kannst!

» VEREINFACHEN

Wenn du die Haare einzeln zeichnest, machst du dir unnötig viel Arbeit, und das Resultat wird nicht befriedigend. Da hilft dir ein Kunstgriff: Du fasst die Haare zu ein paar wenigen „Paketen" zusammen, welche die Form der Frisur vereinfacht wiedergeben.

Es ist hilfreich, wenn du dir diese Pakete als Knetmasse vorstellst, die du in allen möglichen Formen – von voluminös bis dünn ausgewalzt – auf den Strichmännchen-Kopf klebst.

Das ist der erste Schritt. Wie es dann weitergeht, erfährst du auf den nächsten Seiten!

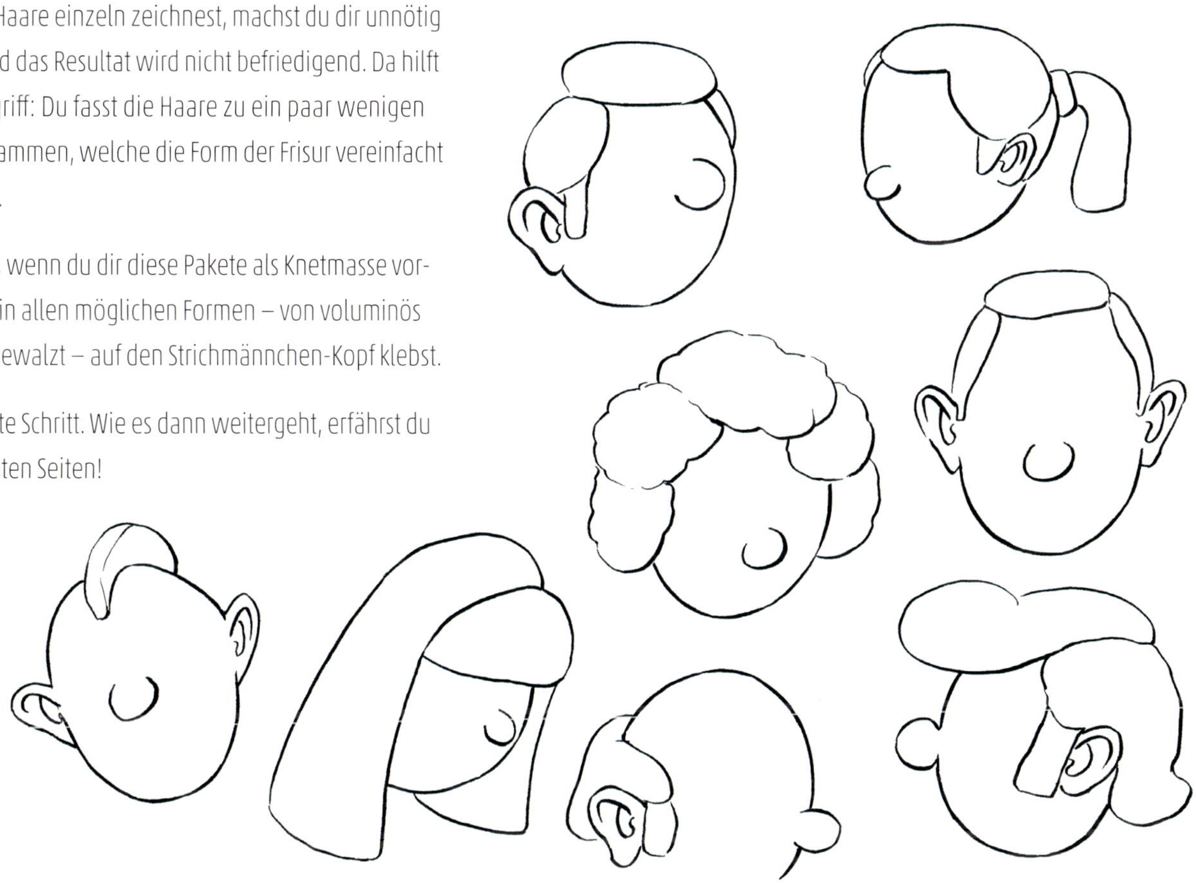

Der Charakter der Haare

» DREI FLIEGEN MIT EINER KLAPPE

Im zweiten Schritt machst du aus den einzelnen „Paketen" richtige Haare, indem du drei Aspekte gleichzeitig zeichnest: Länge, Struktur und Ton. Dieser setzt sich aus Haarfarbe und Licht-Schatten zusammen.

» LÄNGE UND STRUKTUR

Der Charakter der Haare wird durch ihre Länge und die Struktur bestimmt. Sie können mittellang, kurz oder lang sein und außerdem glatt, gewellt, gekraust, struppig usw.

Die Länge ist bereits durch die „Pakete" grob vorgegeben, die Struktur kommt jetzt dazu. Zu diesem Zweck erfindest du ein Zeichen: Bei gekrausten Haaren ist es ein kleiner Bogen, bei langen Haaren eine fliessende Linie, bei einem kurzen Haarschnitt kleine, gerade Striche usw. Du wiederholst dann dieses eine Zeichen – und nichts anderes! – ganz geduldig, bis sich der gewünschte Ton daraus ergibt.

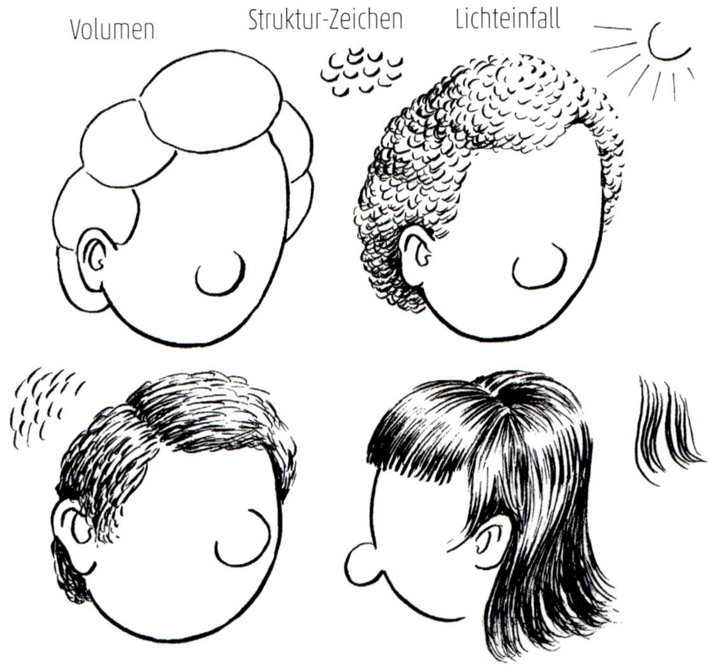

» HAARFARBE UND LICHT-SCHATTEN

Mit den Struktur-Zeichen werden die Haare „eingefärbt". Für blonde, graue oder weiße Haare werden wenige, für dunkle oder schwarze Haare mehr von diesen Zeichen eingesetzt. Dort, wo das Licht auf die Haare fällt, sind ebenfalls wenige und in den Schattenpartien mehr Zeichen - oder gar so viele, dass sie sich zu einer durchgehend schwarzen Fläche verbinden.

Bevor du mit dem „Einfärben" beginnst, legst du fest, woher das Licht kommt. So kannst du Licht und Schatten richtig legen. Bei glatten Haaren entsteht durch den Lichteinfall ein klarer Glanz, bei gekrausten Haaren lediglich ein diffuser heller Bereich.

Mit etwas Übung und viel Gefühl wirst du bald die drei Aspekte – Länge, Struktur und Ton – geschickt kombinieren können.

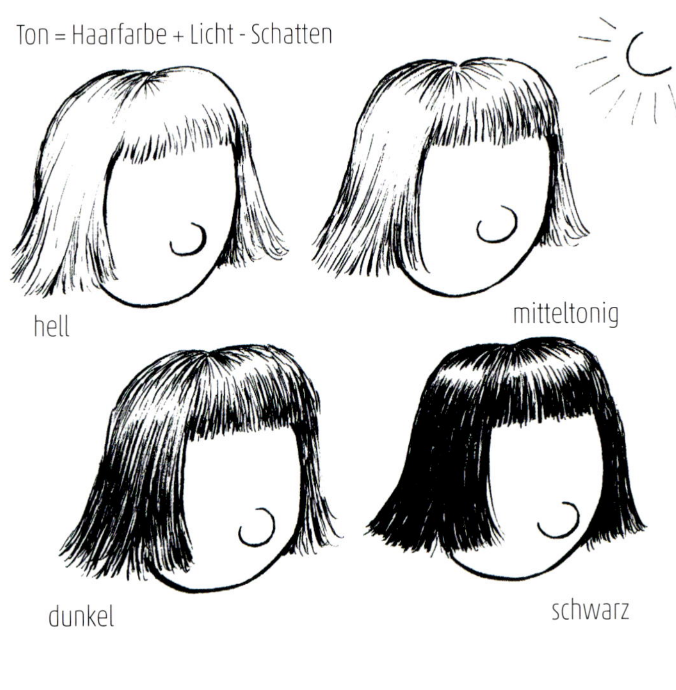

Schnurr- und andere Bärte

» HAARIGE NEBENDARSTELLER

Bei den Strichmännchen sind die Kopfhaare ein bereicherndes und bei weiblichen Figuren gar ein unverzichtbares Element. Dagegen werden Bärte eher selten eingesetzt. Bei den dünnen Körpern sehen vor allem große und lange Bärte ziemlich komisch aus! Dennoch ist es gut, wenn du verschiedene Bartmodelle im Repertoire hast und bei Bedarf einsetzen kannst.

Beim Zeichnen gehst du genau gleich vor wie bei den Haaren auf dem Kopf: Als Erstes das Volumen erfassen und im zweiten Schritt die Struktur und damit auch Farbe und Licht-Schatten mit den passenden Strichen dazugeben.

Um nicht von den Bärten abzulenken, erscheinen hier sämtliche Modelle als Glatzköpfe. Doch keine Sorge – sie bekommen alle ihre Kopfhaare auf der nächsten Seite!

» SPEZIALFÄLLE

Einen Dreitagebart zeichnest du entweder mit ganz kurzen Strichen oder wählst die vereinfachte Variante mit einer Schraffur aus zwei gekreuzten Strichlagen. Bei dieser Methode lässt sich der Schatten mit einer dritten oder gar vierten Strichlage wunderbar herausmodellieren.

Beim struppigen Bart eines Clochards brauchst du nicht erst sorgfältig die Grundform des Barts zu definieren, sondern kannst einfach so lange wilde Striche zeichnen, bis das Gestrüpp fertig ist.

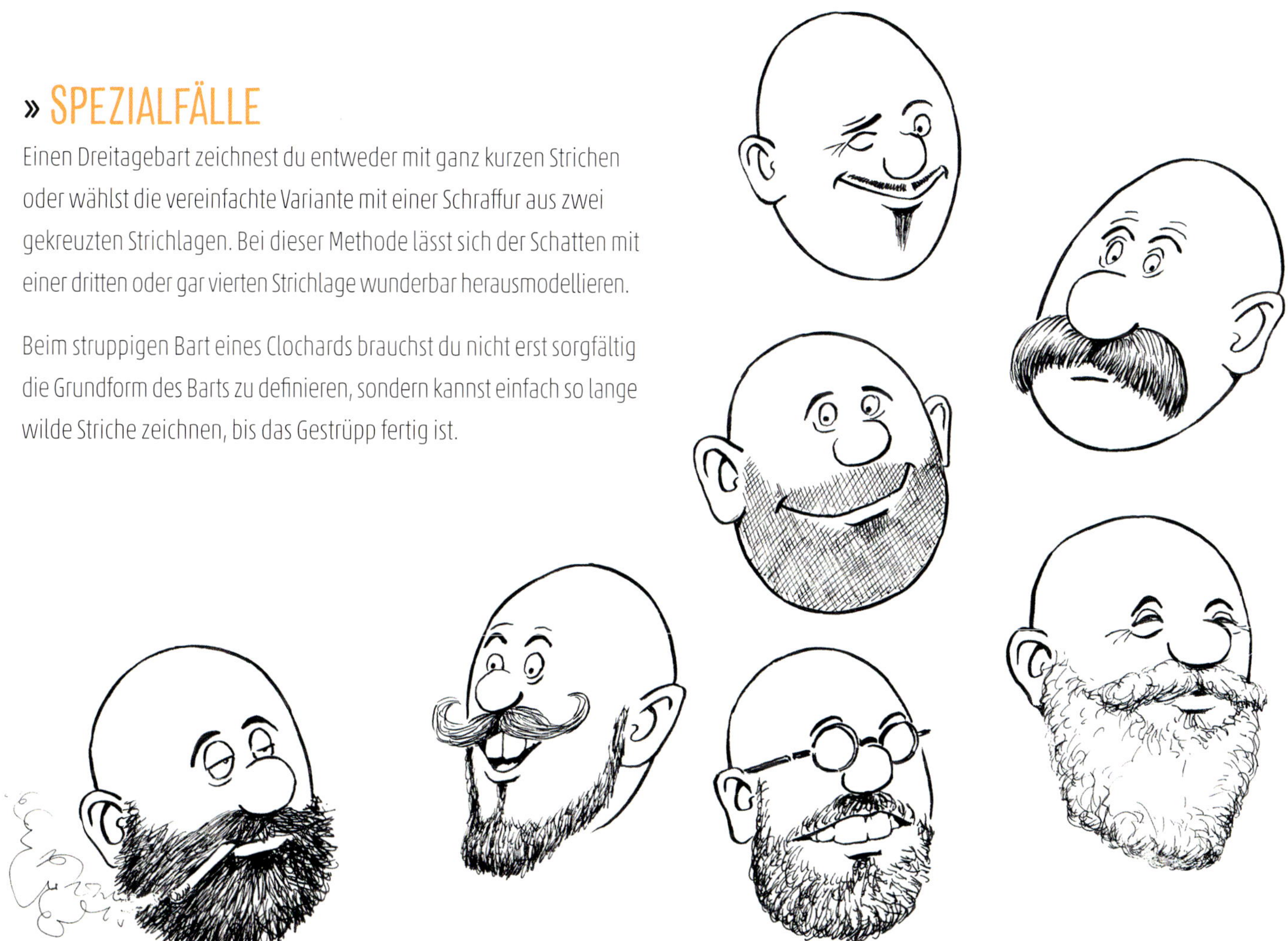

Das Dreamteam mit Haaren

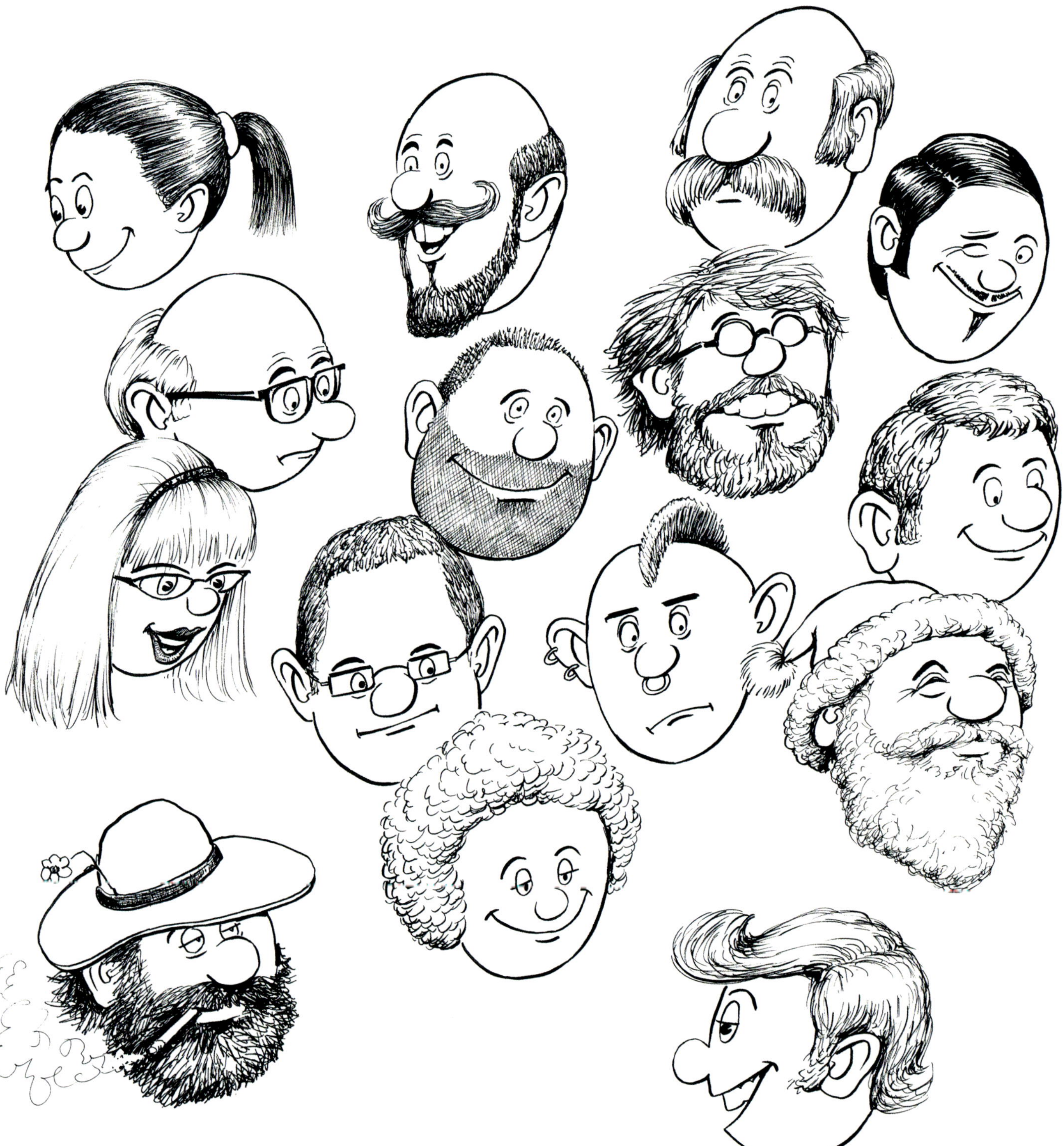

SPRECHBLASEN & CO.

» WICHTIGE WORT-WOLKEN

Mit den Sprech- und Gedankenblasen betreten wir nun ein Gebiet, in dem deine Kreativität einen großen Spielraum hat! Nicht nur, WAS du in die Blasen schreibst, sondern auch WIE du es schreibst – oder welche Symbole du anstelle der Worte wählst –, macht deine Botschaft einzigartig, persönlich und dadurch so wertvoll.

Es lässt sich aber nicht nur mit dem Inhalt, sondern auch mit den Formen der Sprech- und Gedankenblasen spielen. Deshalb schauen wir zuerst die „Verpackung" der Worte und Symbole an, die du den Strichmännchen mit auf die Reise gibst!

» DIE SPRECHBLASE

Diese Form kommt am häufigsten vor. Sie besteht normalerweise aus einem Oval mit einem Schwänzchen, welches in Richtung der sprechenden Figur zeigt. Es sollte aber nicht wie ein Lolli in deren Mund stecken, sondern in einem gewissen Abstand davor enden.

» DIE GEDANKENBLASE

Wird nur gedacht und nicht gesprochen, erscheint eine Gedankenblase. Diese kann, wie die Sprechblase, ein Oval sein. Besser ist jedoch eine Wolke, da diese Form einen Gedanken noch treffender symbolisiert. Anstelle des zum Mund gerichteten Schwänzchens werden einige kleiner werdende Ovale oder Wölkchen in Richtung Kopf gezeichnet.

» SPEZIELLE BLASEN

Die Flüsterblase hat dieselbe Form wie die Sprechbase. Sie wird aber mit einer gestrichelten Linie gezeichnet.

Die Zornblase wird mit aggressiven Zacken dargestellt – und natürlich mit entsprechenden Worten oder Symbolen ausgestattet!

Die Frostblase unterstreicht eine sehr kühle Aussage mit Eiszapfen.

Die Heuchlerblase: Hier wird die Ironie durch den Kontrast zwischen den Blümchen und den schleimigen Worte ausgedrückt.

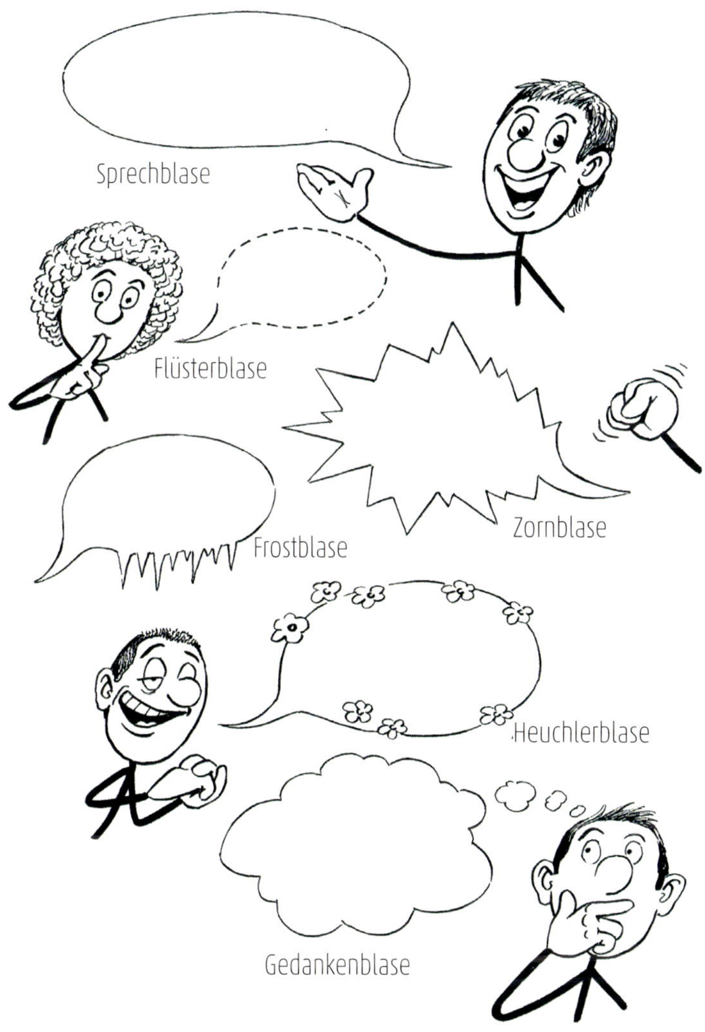

WORTE UND SYMBOLE

» DER INHALT

Wie wir gesehen haben, stehen verschiedene Formen von Blasen zur Auswahl. Dies ist gewissermaßen die Verpackung. Noch wichtiger ist allerdings der Inhalt. Auch damit lässt sich wunderbar spielen!

Den Text in der Blase schreibst du von Hand, wenn du die Zeichnung als Original verwendest. Wird sie reproduziert, kannst du auch eine neutrale oder zum Cartoon besonders passende Standardschrift aus dem Computer einsetzen. Nicht nur die Art der Schrift, sondern auch ihre Größe lässt sich verändern, um der Botschaft einen bestimmten Ausdruck zu verleihen. So erscheinen die Worte beim Flüstern ganz klein und beim Brüllen richtig fett!

Schließlich kann der Text auch mit Symbolen kombiniert werden, um eine bestimmte Aussage zu machen – oder zu verstärken. Ein Beispiel dafür sind die Blümchen bei der Heuchlerblase. Symbole können aber auch ohne Worte eine starke Wirkung erzielen – sei es aggressiv oder romantisch. Mit all diesen Varianten bieten die Sprech- und Gedankenblasen einen herrlichen Tummelplatz für die Fantasie und deine persönliche Handschrift!

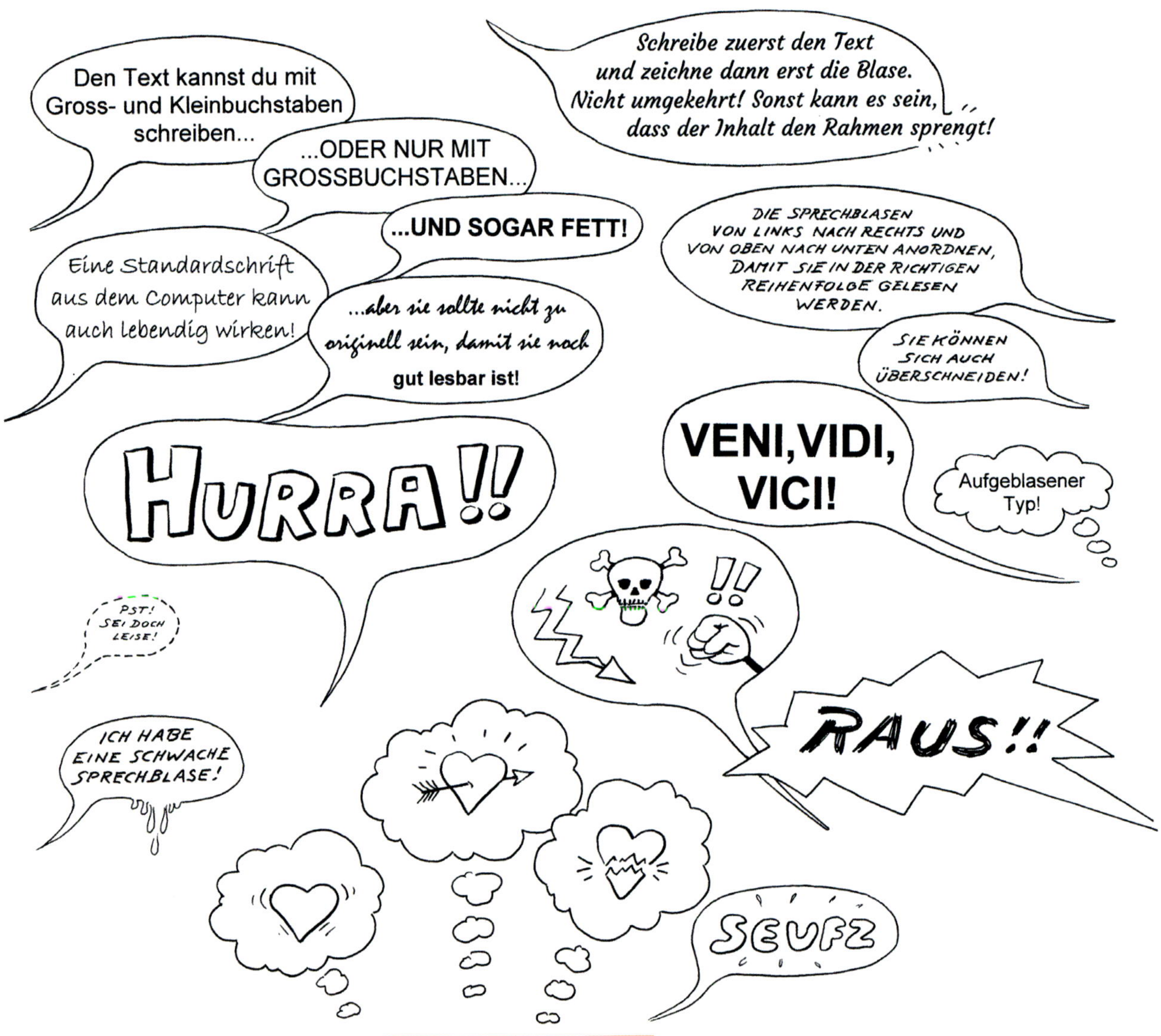

Accessoires

» SO VIEL WIE NÖTIG – SO WENIG WIE MÖGLICH

Den Begriff „Accessoire" verwenden wir hier für etwas, das mithilft, eine bestimmte Figur zu charakterisieren. Die Schuhe der Strichmännchen sind keine Accessoires, die High Heels eines Strichmädchens hingegen schon. Zum Trompeter von Säckingen gehört natürlich eine Trompete, zu Superman der rote Mantel und zum Baby der Schnuller. Wenn du die richtigen Accessoires auswählst, kannst du sie sparsam einsetzen und dennoch eine Figur treffend darstellen. Deshalb gilt hier die Regel „So viel wie nötig – so wenig wie möglich".

» ACCESSOIRES UND UMGEBUNG

Während Mütze, Kochlöffel und Pfanne die Accessoires eines Kochs sind, wird der Kochherd und die übrige Kücheneinrichtung nicht mehr zu den Accessoires gezählt, sondern zur Umgebung. Diese gehört bereits zur Bildkomposition, und das ist ein eigener Themenkreis.

» **P.S. Das Thema „Accessoires" gehört zum Bereich des allgemeinen Zeichnens. Deine Vorlieben und Fähigkeiten bestimmen, wie viel davon du beim Strichmännchen-Zeichnen dazunimmst.**

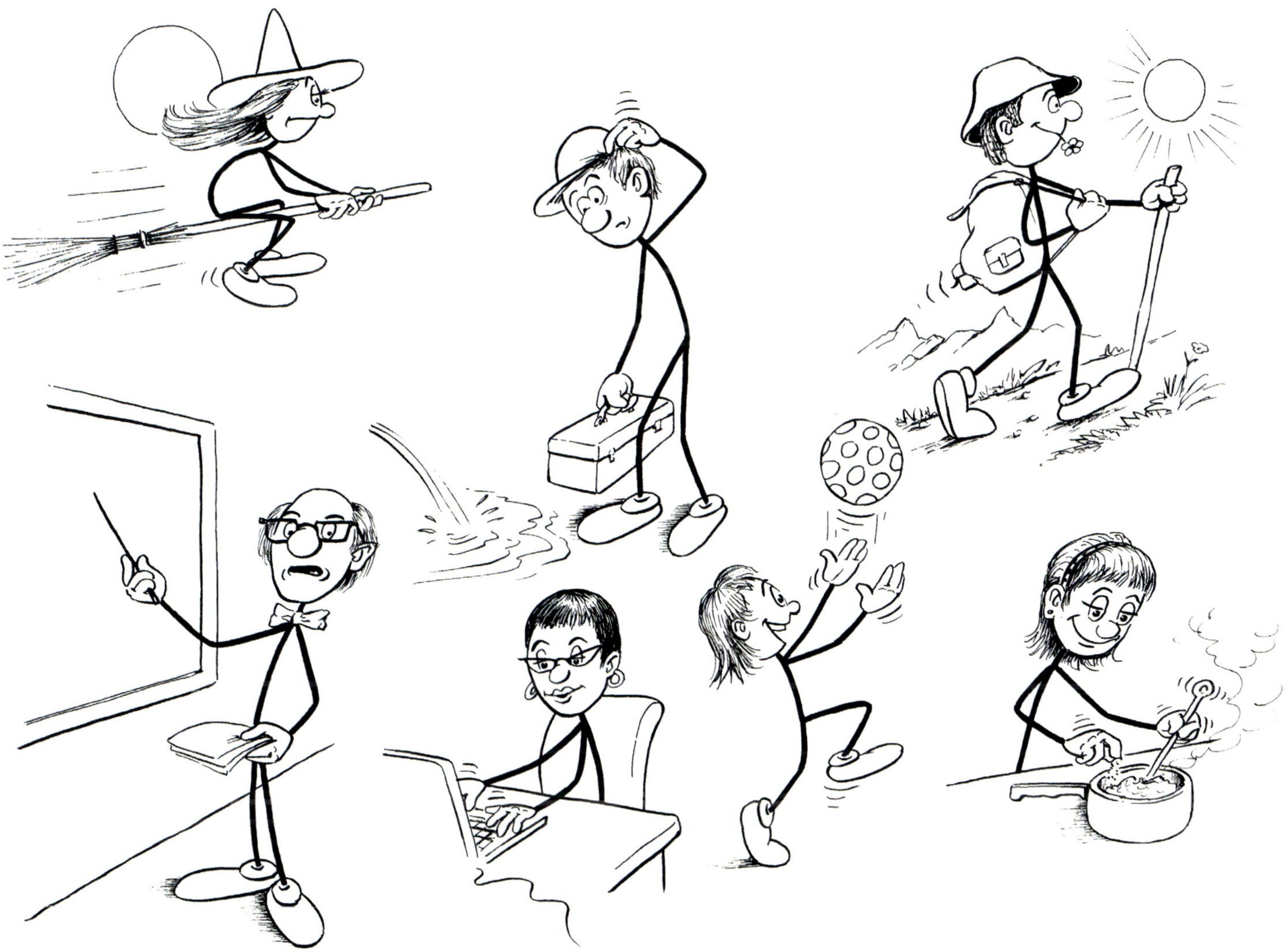

Aufgaben de luxe

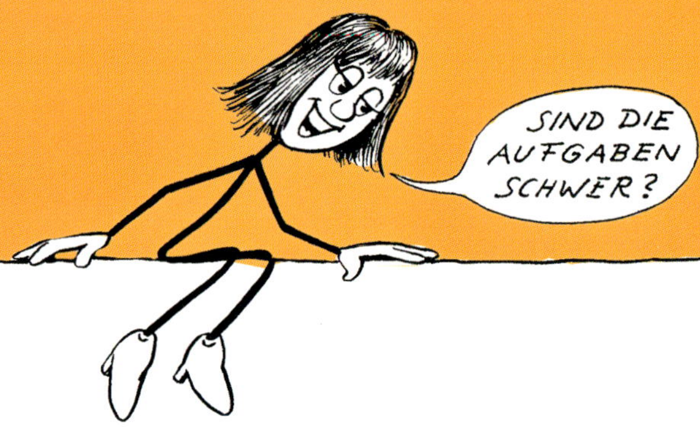

DIE OHREN

- ◯ Ohren mit drei Strichen zeichnen und einsetzen. (52)

DIE AUGEN

- ◯ „Spiegeleier-Augen". Spiel mit Größe und Lage von Oval und Pupille. (53)
- ◯ Mit dem „Augen- Hilfspersonal" den Ausdruck verändern. (54)
- ◯ Gefühle mithilfe der Augen und dem „Hilfspersonal" ausdrücken. (55)

DER MUND

- ◯ Alle möglichen Mund-Varianten mit nur vier Strichen zeichnen. (56)
- ◯ Der offene Mund. Positive und negative Gesichtsausdrücke mit und ohne Zähne. (57)
- ◯ Weibliche Lippen darstellen, verschiedene Varianten. (58)
- ◯ Ausdruckszeichen zur Verstärkung von Gefühlsausdrücken einsetzen. (59)
- ◯ Alle Gefühle mit dem Zusammenspiel des Dreamteams Augen-Mund ausdrücken. (60)

DIE HAARE

- ◯ Die Grundform von Frisuren als Volumen erfassen. (61)
- ◯ Den Charakter der Haare mit den drei Aspekten Länge, Struktur und Ton wiedergeben. Den Ton als Zusammenwirken von Haarfarbe und Licht-Schatten verstehen. (62)
- ◯ Haare und Bärte gezielt einsetzen, um einen bestimmten Typ darzustellen. (64)

SPRECH- UND GEDANKENBLASEN

- ◯ Sprech- und Gedankenblasen mit Worten und Symbolen. (65, 66)

ACCESSOIRES

- ◯ Typische Merkmale einsetzen, um einen bestimmten Typ zu charakterisieren. (67)

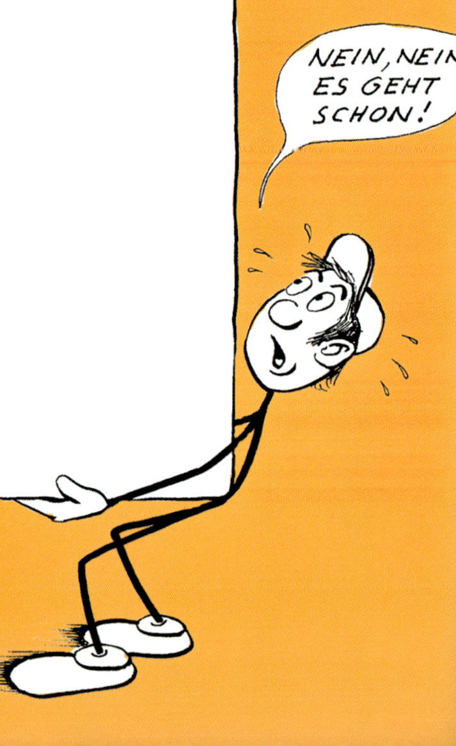

VIERTER ERFOLG!

» CHECKPUNKTE

- ○ **Die Ohren** in drei Strichen zeichnen
- ○ **Die Augen:** Spiegeleier-Augen mit Hilfspersonal
- ○ **Der Mund** mit Strich, Lippen und Zähnen
- ○ **Der Ausdruck:** Zusammenspiel von Mund und Augen
- ○ **Extras:** Die Ausdruckszeichen
- ○ **Die Haare:** Volumen, Struktur und Ton
- ○ **Sprech- und Gedankenblasen** – Form und Inhalt
- ○ **Accessoires:** Figuren charakterisieren

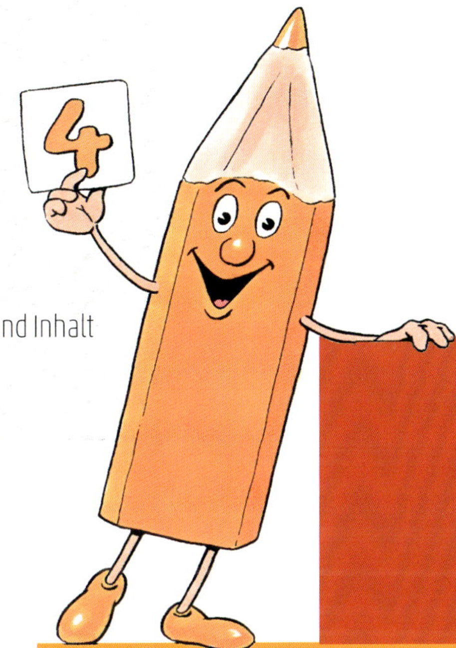

Sind die Aufgaben geschafft und die Checkpunkte geprüft? Dann hast du den **goldenen Stift** gewonnen.

HERZLICHEN GLÜCKWUNSCH!

Viel Freude mit all deinen Strichmännchen „in Aktion!"

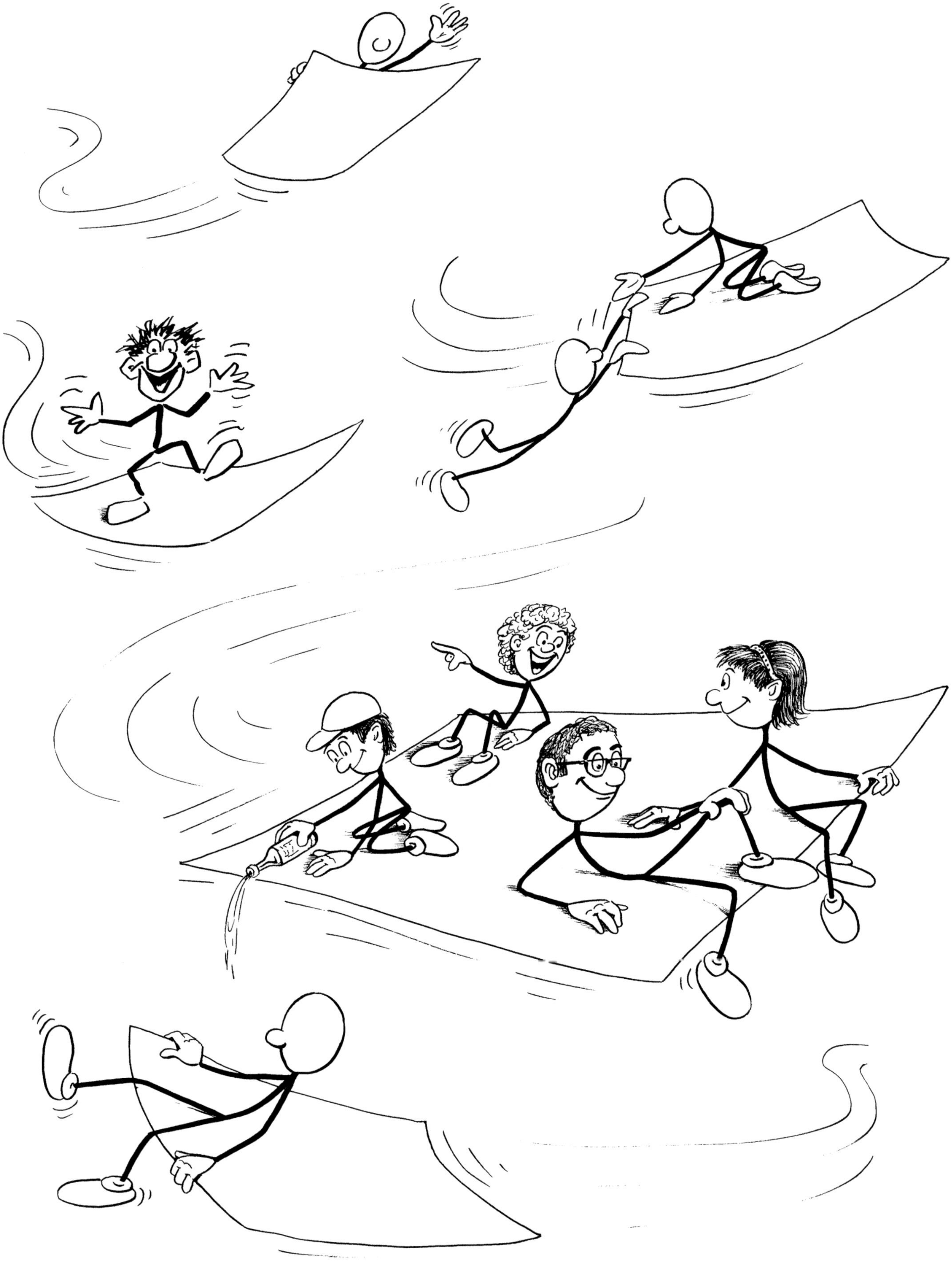

STRICHMÄNNCHEN IN AKTION!

DIE EIS- UND HERZENSBRECHER – MIT DEINER BOTSCHAFT UNTERWEGS

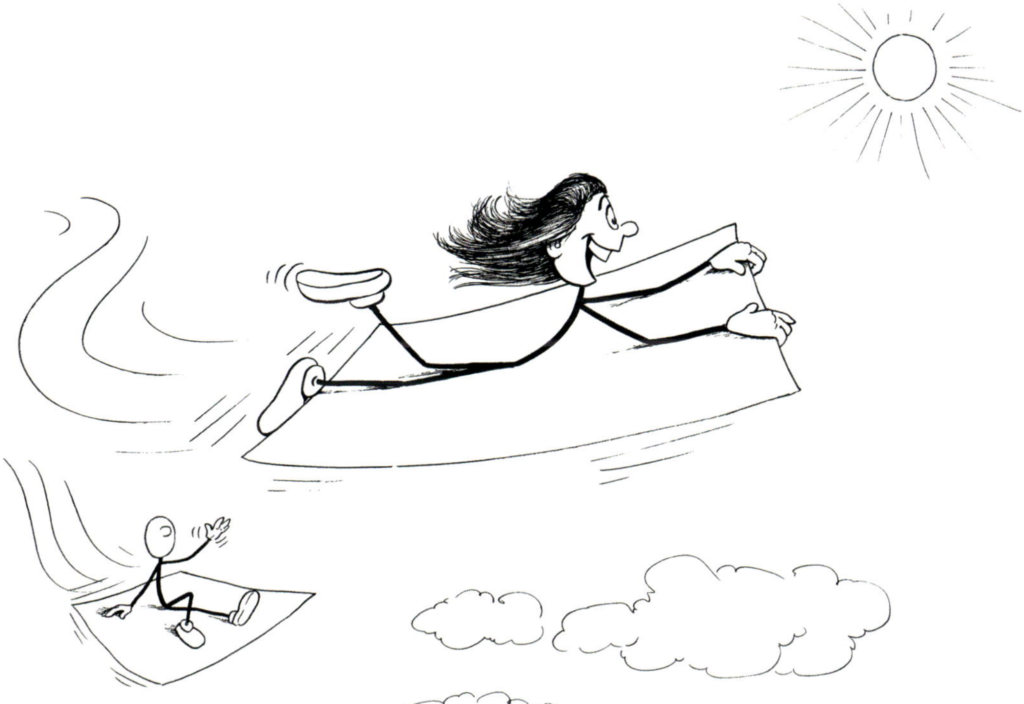

» Mit dem Scribble Ideen einfangen

» Die Schritte bis zum fertigen Cartoon

» Linear, Grauton oder Farbe: Die Technik dient der Idee

» Strichmännchen-Cartoons: Appetit-Häppchen aus Matto's Küche

SCRIBBLE UND ENTWURF

» DIE SCHRITTE VON DER IDEE ZUM FERTIGEN CARTOON

Zeichnest du nicht nur einzelne Figuren, sondern ein ganzes Bild, in dem du eine Idee zum Ausdruck bringst, entsteht ein Cartoon – und zwar in mehreren Schritten:

1. Idee
2. Scribble
3. Entwurf
4. Vorzeichnung
5. Reinzeichnung
6. Reinzeichnung mit Grautönen
7. Reinzeichnung mit Farben

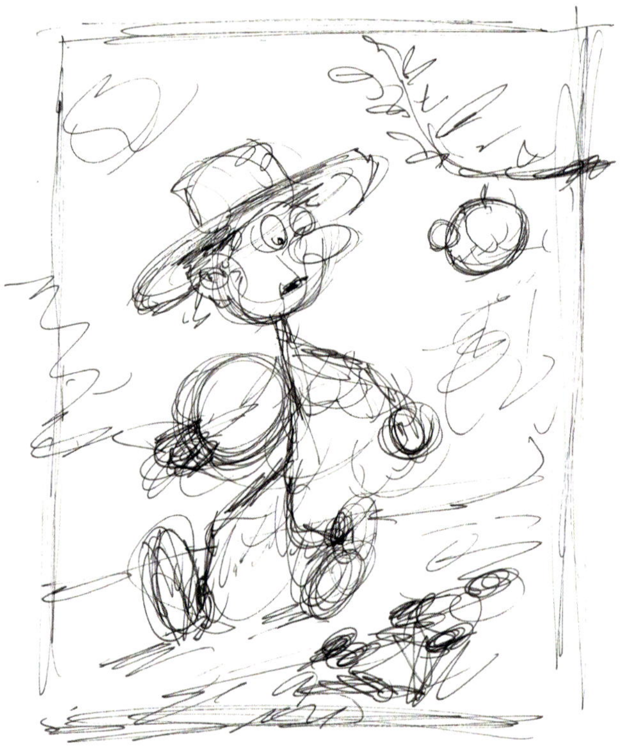

Die ersten fünf Schritte sind immer erforderlich, Schritt sechs oder sieben nicht unbedingt. Grautöne und Farben können jedoch die Wirkung eines Cartoons erheblich verstärken!

1. Die Idee

Ideen sind launisch. Sie kommen, wenn es ihnen passt, und sind schnell wieder weg – wie ein Schmetterling! Deshalb solltest du sie in dem Moment einfangen, wo sie da sind!

2. Das Scribble

Ideen fängst du mit dem Scribble ein. Das ist eine schnelle Skizze, bei der es nicht um „schön" oder „genau" geht, sondern nur um das Festhalten einer Idee! Worauf du zeichnest, ist völlig egal. Für meine Scribbles mussten auch schon Papierservietten im Restaurant herhalten.

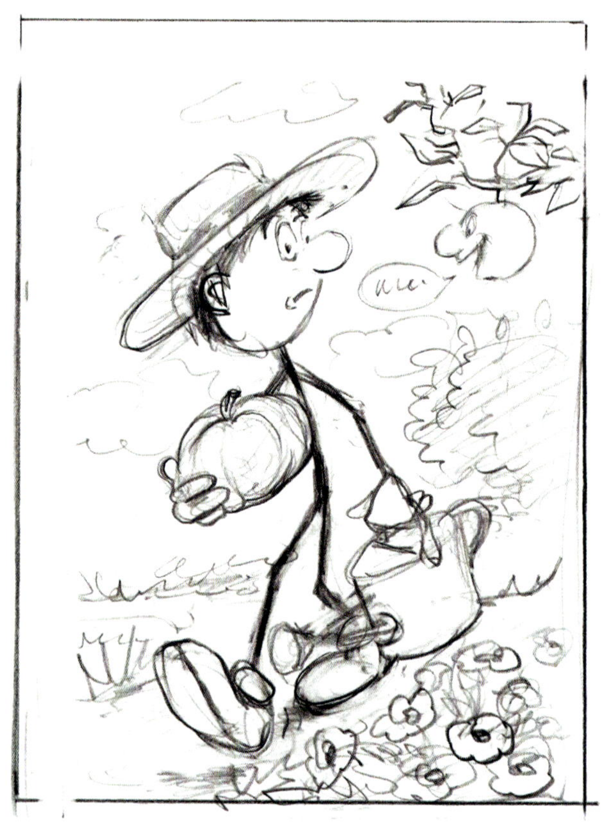

3. Der Entwurf

Um Ordnung in das Scribble-Chaos zu bringen, entscheidest du zuerst, was bleiben darf und was nicht. Dann „möblierst" du das Bild, indem du die einzelnen Bildelemente sinnvoll platzierst. Dazu gehören nicht nur Figuren und Gegenstände, sondern auch Sprech- und Gedankenblasen, die in einem Cartoon oft eine wichtige Rolle spielen.

Vor- und Reinzeichnung

Nun kommt ein Zwischenschritt: **das Übertragen**. Bis zu diesem Punkt kannst du ruhig auf Skizzenpapier zeichnen. Den Entwurf überträgst du jetzt aber auf gutes Zeichenpapier. Das machst du mithilfe eines Leuchtpults – oder ganz einfach, indem du die Blätter ans Fenster hängst und auf diese Weise das Bild überträgst. Tagsüber von innen und nachts von außen, indem du die Lampe im Zimmer als Sonne scheinen lässt.

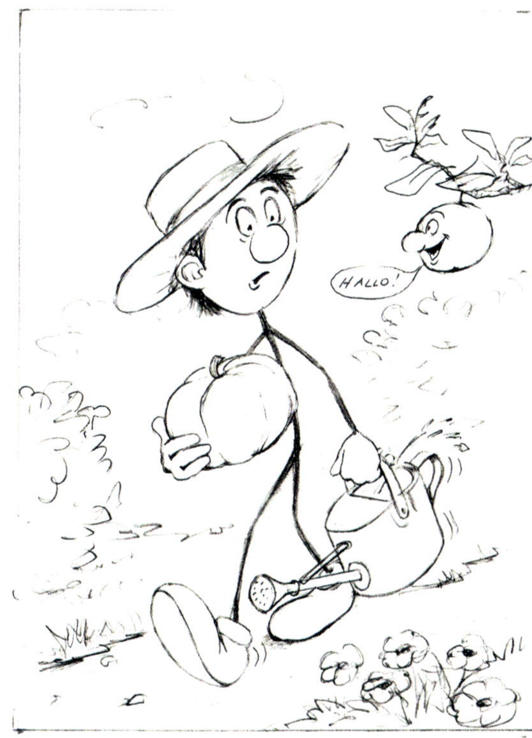

4. Die Vorzeichnung

Nach dem Übertragen machst du die Vorzeichnung. Jetzt kannst du Einzelheiten noch verbessern oder im Bild verschieben. Die Gefahr bei diesem Schritt ist, dass die Zeichnung vor lauter Genauigkeit steif wird. „Einbetonieren" nenne ich das. Achte darauf, dass die Lebendigkeit von Scribble und Entwurf erhalten bleibt!

Dann lässt du die Zeichnung am besten eine Weile liegen. Es ist wie beim Brot: Wenn der Teig vor dem Backen länger ruht, wird das Brot bekömmlicher. – Also darüber schlafen und die Zeichnung dann mit einem neuen Blick prüfen – oder von andern wohlwollend begutachten lassen, um vor der Reinzeichnung die letzten Korrekturen anzubringen.

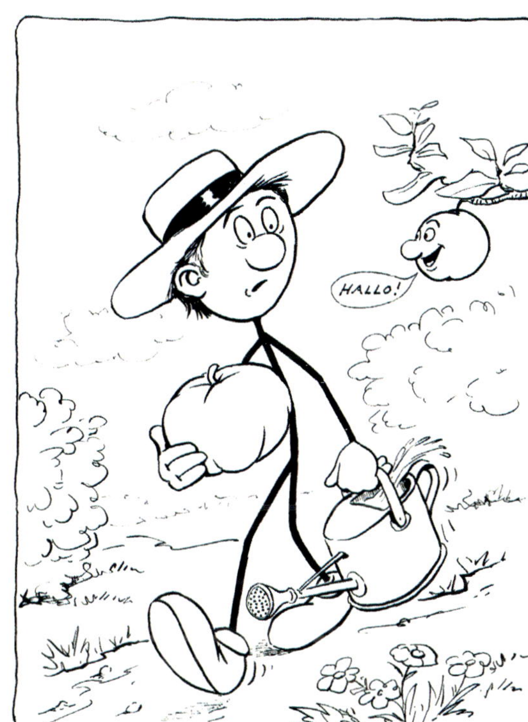

5. Die Reinzeichnung

Damit du die Bleistiftlinien der Vorzeichnung später wegradieren kannst, machst du die Reinzeichnung mit dem Marker. Brush oder feste Spitze – am besten beides kombiniert. – Ziehst du eine Reinzeichnung mit Bleistift vor, sollten die Striche der Vorzeichnung nur schwach sein und, soweit es geht, wegradiert werden, damit sich ein ordentliches Bild ergibt.

Möchtest du es bei einer linearen Reinzeichnung belassen? In dem Fall ist das Werk nach dem Radieren fertig. Als Original wird es nun direkt seinem Zweck zugeführt. Als Reproduktion macht es den Weg über Kopie oder Scan und Druck, um dann z.B. als Karte auf die Reise zu gehen. - Bist du hingegen der Ansicht, dass der Ton die Musik macht, gehst du zu Schritt sechs oder sieben weiter.

Grautöne und Farbe

6. Die Reinzeichnung mit Grautönen

Eine Zeichnung mit Grautönen versehen kannst du sehr gut mit dem Bleistift, da er von einem hellen Grau bis Schwarz alles bietet. Die Striche lassen sich leicht zu feinen Flächen und nahtlosen Übergängen verwischen und – was sehr angenehm ist – wieder ausradieren. Mit einem Stiftradierer können auch kleine Fehler behoben oder Muster herausgearbeitet werden.

Beim Marker steht eine ganze Reihe fein abgestufter Grautöne zur Verfügung. Der Umgang damit erfordert etwas Übung, denn einmal aufgetragen lässt sich ein Ton nicht mehr entfernen – außer mit Abdecken.

Die Marker-Technik setze ich gerne ein und verwende dafür die Brush-Stifte von „Copic". Bei diesem Cartoon kam das neutrale Grau in drei Tönen zur Anwendung. Der farbige Cartoon wurde ebenfalls mit „Copic"-Stiften koloriert.

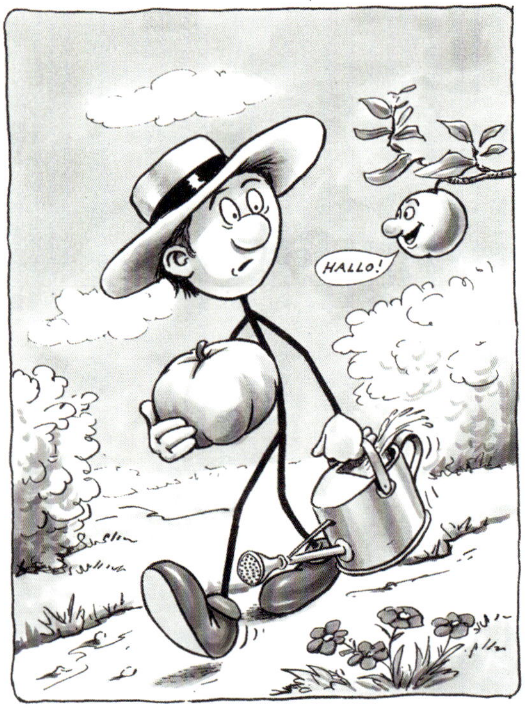

7. Die Reinzeichnung koloriert

Die Wirkung eines Strichmännchen-Cartoons lässt sich mit Farben oft noch verstärken. Sei dir jedoch bewusst, dass es hier nicht ums Malen, sondern ums Kolorieren geht. Das heißt, die Zeichnung steht im Vordergrund und nicht die Farbe! Diese hat nur den Zweck, die Bildidee zu unterstützen. Frage dich daher bei jedem Cartoon immer, wo die Farbe wirklich dient und wo sie eher nicht nötig ist. Hier gilt einmal mehr: „So viel wie nötig - so wenig wie möglich".

Zum Vergleich hast du nun mehrere Varianten: linear, Grautöne und koloriert. Der Cartoon mit dem freundlichen Apfel ist ein Sujet, bei dem die Farbe eine wichtige Rolle spielt. Daher gewinnt das Bild durchs Kolorieren an Ausdruckskraft! – Welche Technik du fürs Kolorieren verwendest, wird durch deine Vorliebe und Geschicklichkeit bestimmt und ist nicht zuletzt auch eine Frage der Ausrüstung.

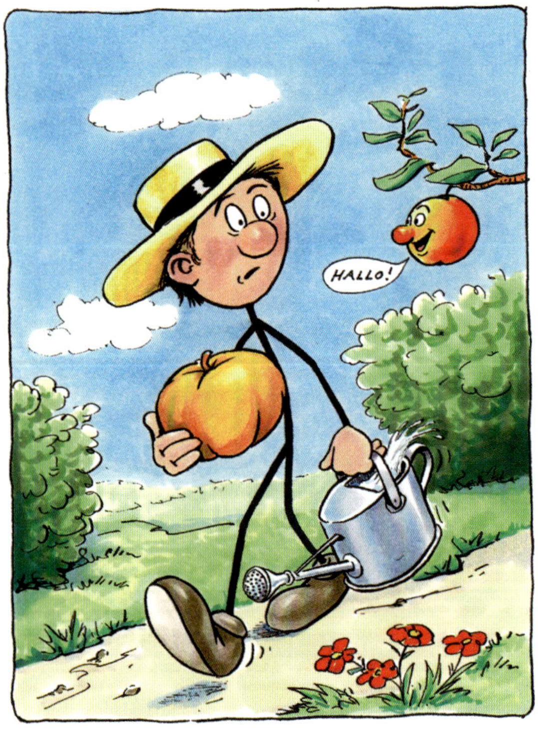

STRICHMÄNNCHEN-CARTOONS

Die Glückwunschkarte

Das Leben bietet ein wunderbares Spielfeld für deine Strichmännchen! Warum nicht den nächsten Glückwunsch auf diese Weise gestalten, statt eine Karte von der Stange zu kaufen?

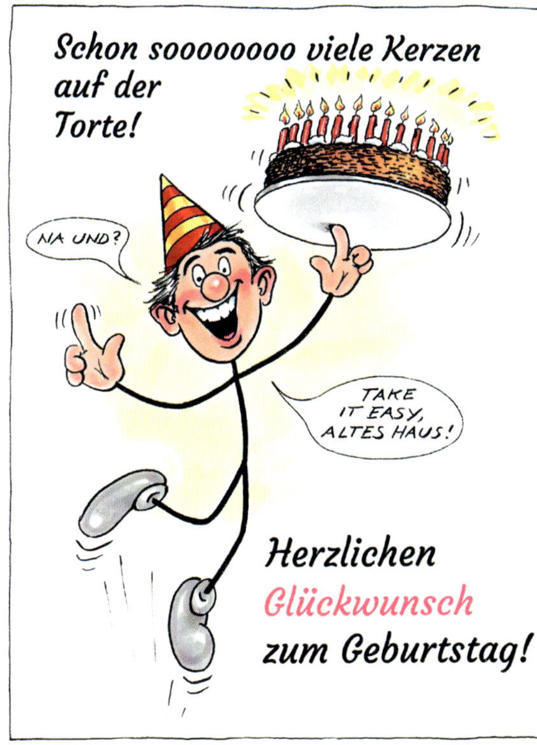

Bei einem solchen Cartoon spielt das Wort eine wichtige Rolle. Schenkst du eine Originalzeichnung, wie z.B. für einen Geburtstag, wirst du den Text wohl von Hand schreiben. Vielleicht bist du sogar mit Handlettering vertraut. Umso besser! Ist die Handschrift hingegen nicht so dein Ding, kannst du den Text auch mit einer passenden Standardschrift aus dem Compi vordrucken und die Zeichnung anschließend einfügen. Eine Karte, die reproduziert wird, da sie an mehrere Empfänger*innen geht - wie z.B. eine Weihnachts- oder Neujahrskarte – lässt sich natürlich problemlosmit einer Standardschrift versehen.

Außerdem kannst du da den Trick mit der Collage anwenden, d. h. Dinge, die du nicht zeichnen willst oder kannst, einfach kopieren und in die Zeichnung integrieren. Das eröffnet schier grenzenlose Möglichkeiten, weshalb ich diesen reizvollen Kunstgriff selber auch gerne anwende.

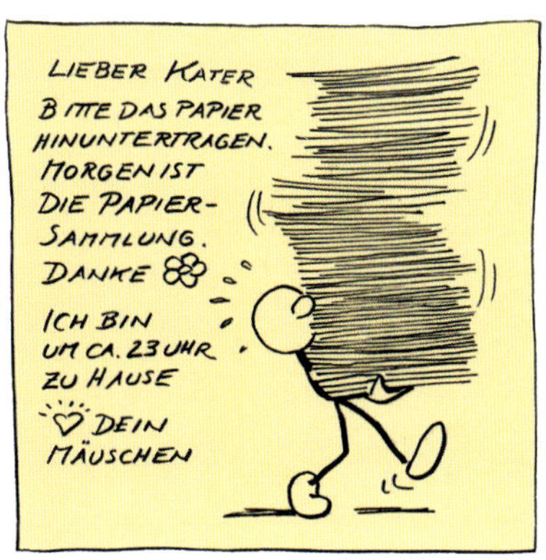

Die etwas andere Notiz

Botschaften werden heutzutage mit dem Handy schnell und unkompliziert übermittelt. Für den persönlichen Anstrich meist verziert mit Emojis. Dieser Begriff setzt sich aus emotion = Gefühl und icon = Zeichen zusammen. Mit den Strichmännchen hast du nun deine eigenen Gefühlszeichen, authentisch und originell! Mit ihnen kannst du Überraschung und Freude in den Alltag bringen – selbst wenn es nur ein Zettel auf dem Küchentisch ist.

Einladungen

Wer eine Einladung bekommt, freut sich. Umso mehr, wenn sie mit Strichmännchen witzig gestaltet ist. Und willst du anders sein als andere, schickst du sie nicht per Mail, sondern mit der guten alten Post. Die Investition in die Briefmarken lohnt sich. Deine Sendung wird sich nämlich wohltuend abheben von den Bettelbriefen und Rechnungen im Briefkasten und umso willkommener sein!

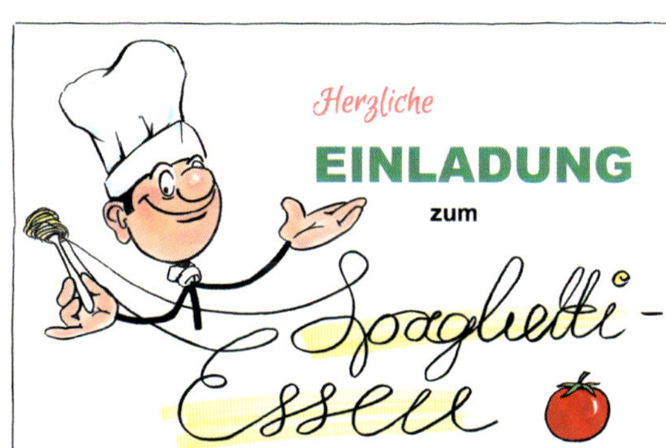

STRICHMÄNNCHEN-CARTOONS

Das Kompliment

Es scheint, als sei es etwas aus der Mode gekommen, das Kompliment. Dabei wäre es Balsam für die Seele. Wer es nicht so recht wagt, Komplimente zu machen, kann die Strichmännchen mit diesem Wundermittel losschicken. Ein Anlass lässt sich immer finden– auch wenn es ein offizieller Feiertag ist, um ein inoffizielles Kompliment anzubringen ...

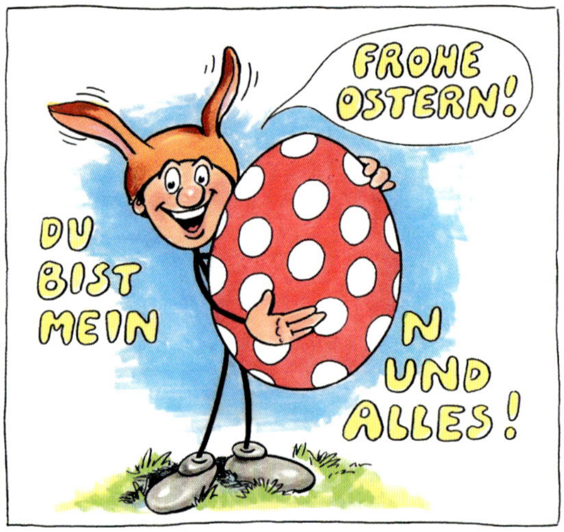

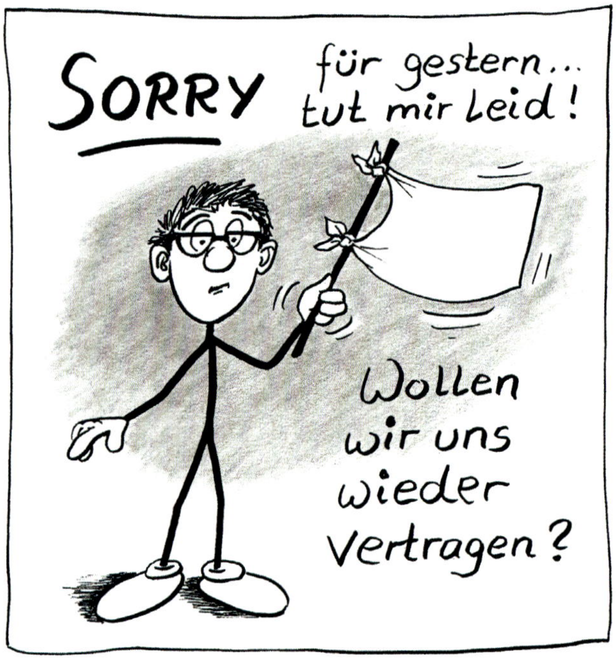

Die Versöhnung

Wer in einer Beziehung lebt, kennt nicht nur eitel Sonnenschein, sondern auch Regen, Blitz und Donner. Damit der Himmel nicht dauernd wolkenverhangen bleibt, braucht es die Versöhnung. Den ersten Schritt dafür zu tun fällt manchen Menschen noch schwerer als ein Kompliment zu machen.

Auch hier stellen die Strichmännchen ihre Dienste gerne zur Verfügung. Mit der Parlamentärflagge gehen sie ins feindliche Lager, um eine Entschuldigung zu überbringen. Oft kommt dadurch ein Waffenstillstand zustande – zur großen Erleichterung der kriegsführenden Parteien.

Freude

So gibt es zahlreiche Möglichkeiten, bei denen uns die Strichmännchen zur Seite stehen. Besonders gerne bewirtschaften sie alle Belange, die mit Freude zu tun haben. Wer sich mit Strichmännchen umgibt, wird feststellen, dass auf einmal mehr Freude ins Leben kommt. Es scheint, als wären sie wie die hilfreichen Wichtel, die wir aus den Märchen kennen. Und wir wissen ja: Wo man gut zu ihnen ist, dort bleiben sie.

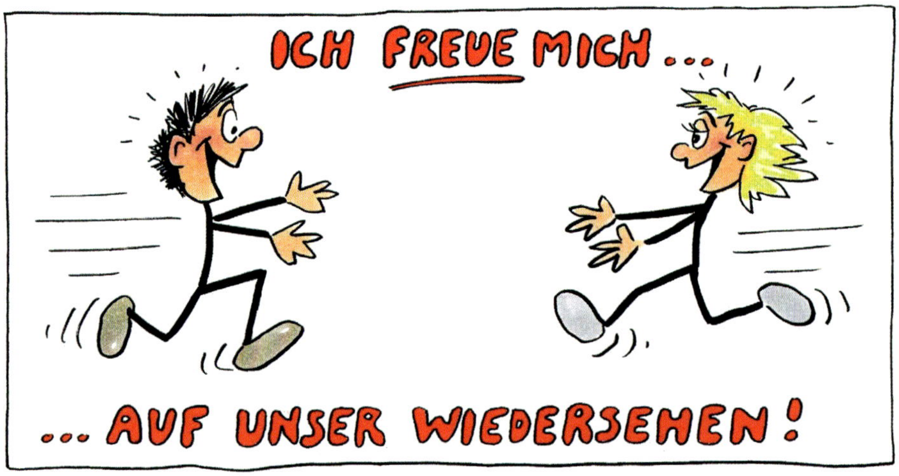

FÜNFTER ERFOLG!

» STRICHMÄNNCHEN AUF DIE REISE SCHICKEN

Das Strichmännchen-Dorf am Anfang des Buchs zeigt, dass alle seine Bewohner Zugang zum Dorfplatz in der Mitte haben, wo die Feste gefeiert werden. Genauso ist es mit der Treppe: Alle haben Zugang zur fünften Stufe, denn nur von dort aus können die Strichmännchen losfliegen. Und fliegen können sie alle, ob sie nun „Ur", „Eco", „Standard" oder „de Luxe" heißen!

Lass dich nicht davon abhalten, Strichmännchen-Cartoons zu zeichnen mit der Begründung: „Ich habe keine Ideen!" Ein Cartoon muss nicht immer zum Brüllen komisch sein. Er kann auch mit subtilem Humor ein Schmunzeln wecken – oder ganz einfach als Strichmännchen-Zeichnung Freude machen!

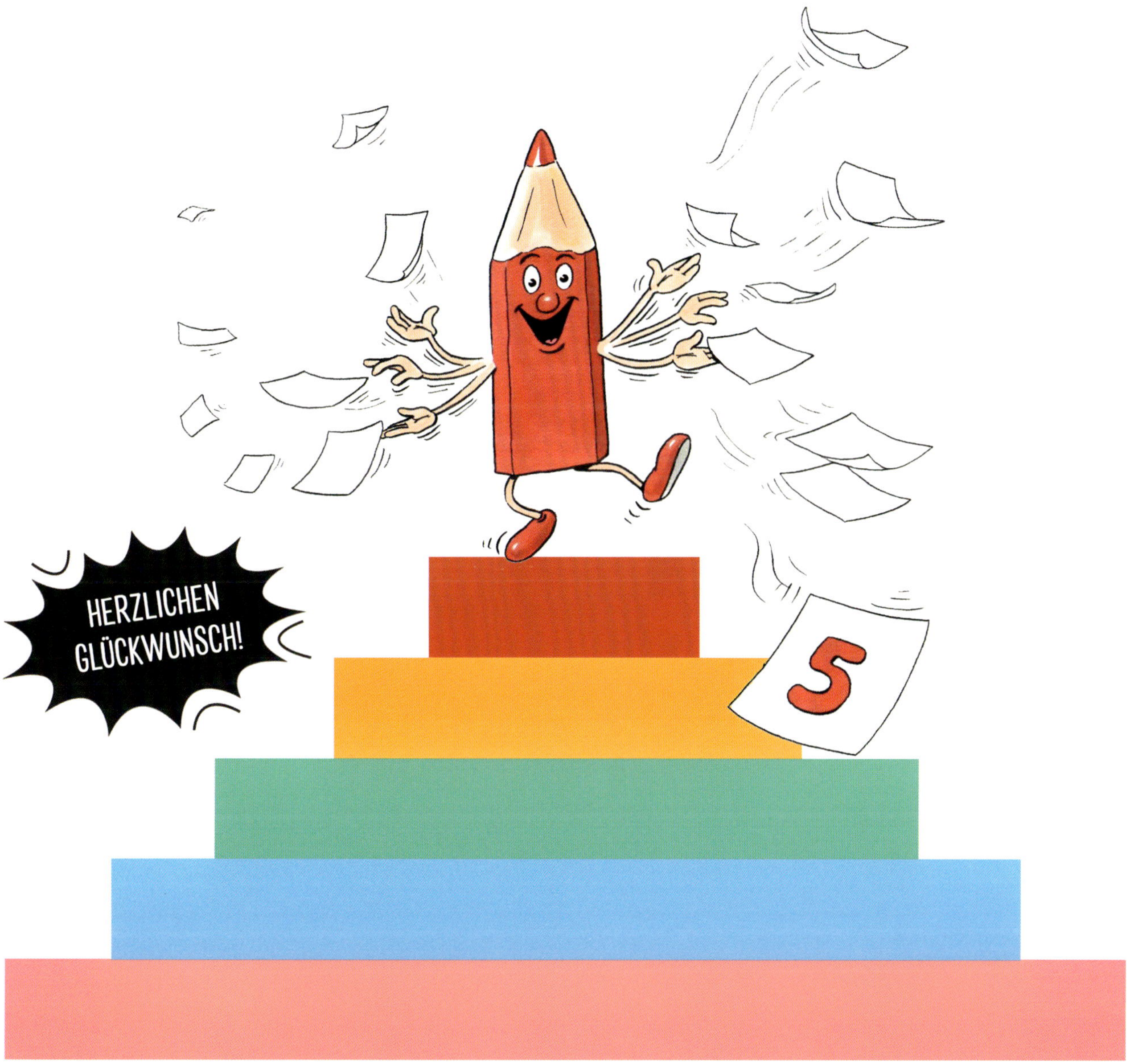

SCHLUSSWORT

» DER ZWECK DER ÜBUNG

Wenn du mit deinem Zeichenstift zusammen durch dieses Buch gewandert bist, kannst du Strichmännchen zeichnen – egal, auf welcher Stufe. Du weißt nun, dass es keine Rolle spielt, ob du dich auf die schnellen „Economys", die zweckmäßigen „Standards" oder die reichhaltigen „de Luxes" spezialisiert. Entscheidend ist, dass du deine Strichmännchen auf die Reise schickst!

» BRÜCKENBAUER

Du kannst natürlich dem Arbeitskollegen, der zum fünfzehnten Mal sein Auto auf deinem reservierten Parkplatz abgestellt hat, ein wütendes Strichmännchen mit einer deftigen Sprechblase unter den Scheibenwischer klemmen. Oder nachts mit der Spraydose das graue Stadtbild mit Strichmännchen auflockern. Doch das sind nicht typische Einsätze. Strichmännchen sind vor allem eines: Botschafter des Herzens, Brückenbauer von Mensch zu Mensch. Dafür sind sie geschaffen!

» DER CHARME DES UNPERFEKTEN

Das Herrliche an den Strichmännchen ist, dass sie nicht perfekt zu sein brauchen - im Gegenteil! Eine brillante Zeichnung mag Bewunderung wecken - vielleicht aber auch Selbstabwertung oder Neid beim Gegenüber. Hingegen kommt eine Zeichnung, frisch von der Leber weg und nicht so perfekt gemacht, mit der Unbekümmertheit eines Kindes daher und öffnet das Herz.

» ANDERS ALS ANDERE

Im Internet lässt sich unterdessen alles finden, kopieren und versenden. Zeichnest du hingegen Strichmännchen, kopierst du nicht – du kreierst! Deine Kommunikation ist nicht von der Stange, sondern maßgeschneidert. Mit einer Zeichnung schenkst du etwas überaus Wertvolles: deine Zeit und Aufmerksamkeit. So bringst du die Wertschätzung für einen lieben Menschen wunderbar zum Ausdruck!

Wenn du eine Präsentation oder einen Vortrag mit spontan gezeichneten Strichmännchen begleitest, ist das zwar nicht powerpoint – aber powerful, denn du hast den Mut, anders als andere zu sein. So ist dir die Sympathie und vielleicht gar die Bewunderung von anderen Menschen gewiss!

» DAS GRAUE MÄNNCHEN

Gut möglich, dass jetzt nicht nur die Freude am Strichmännchen-Zeichnen, sondern auch das graue Männchen erwacht. Es sitzt auf deiner Schulter und kritisiert dich von dort aus dauernd. Nie ist etwas gut genug, es findet immer ein Haar in der Suppe – oder eben Fehler bei deinen Zeichnungen! So kann die Freude bald erlöschen.

Wie gehst du damit um? Nun, es ist nicht leicht, das graue Männchen loszuwerden. Mit ihm zu diskutieren bringt nichts. Sei dir einfach bewusst, dass da ein Störenfried am Werk ist. Achte am besten nicht auf sein Geplapper und zeichne einfach weiter! So verschwinden Fehler nach und nach – und wenn du Glück hast, auch das graue Männchen. Was bleibt, ist die Freude!

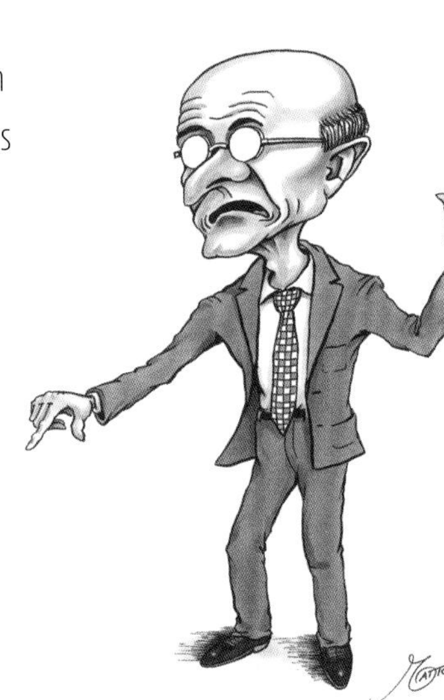

CARTOONSCHULE DA MATTO

» INSPIRATION – KREATION – AKTION

Beim Zeichnen gibt es so etwas wie einen Fluss. Er kommt aus einer Quelle und fliesst irgendwo hin. Die Quelle ist die Inspiration. Das ist vielleicht nur eine vage Idee. Erst im nächsten Schritt – in der Kreation – nimmt sie eine bestimmte Form an. Dann folgt das Dritte: die Aktion.

Wenn du eigentlich gerne zeichnen würdest, aber irgendwie feststeckst, der Zeichenstift in der Schachtel bleibt und die Muse dich partout nicht küssen will, dann liegt da der Hase im Pfeffer: Im stillen Kämmerlein für dich allein zu zeichnen mag schön, entspannend oder lustvoll sein. Doch wenn deine Werke in der Schublade bleiben, stockt irgendwann der Fluss. Es fehlt der dritte Punkt – die Aktion!

Hier kannst du den Hebel ansetzen: Finde einen Zweck für deine Zeichnungen, befreie sie aus der Schublade und mach etwas damit – am besten anderen Menschen eine Freude. Das gibt dem Fluss ein Ziel, und er kann zu fliessen beginnen!

Ich wünsche dir eine frohe und spannende Fahrt durchs Land der Strichmännchen!

Herzlich

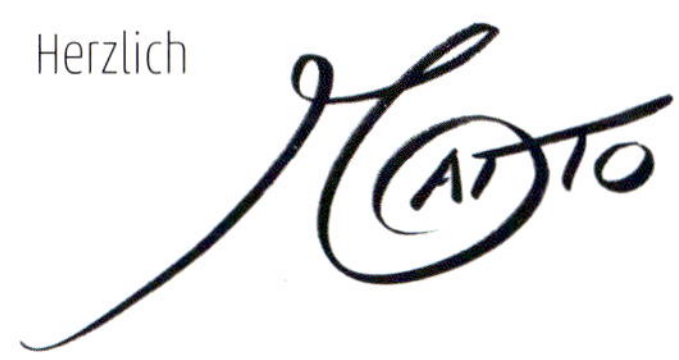

Cartoonschule „da Matto"

wo Striche lebendig werden –
und die Freude am Zeichnen erwacht!

Alle Infos zu Kursen und Coachings:
www.cartoonschule.com

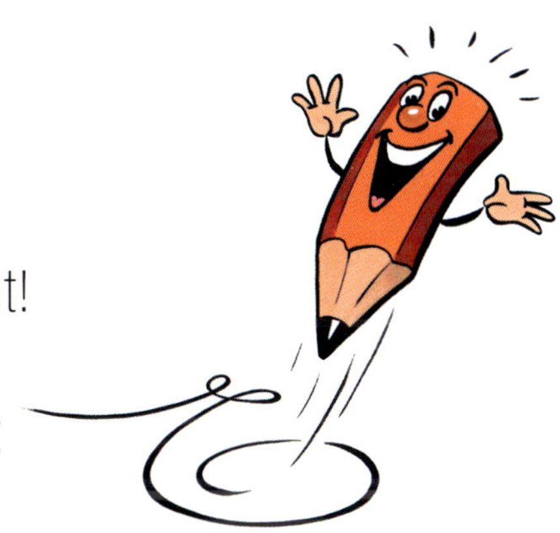

IMPRESSUM

Bibliografische Information der Deutschen Bibliothek.

Die Deutsche Bibliothek verzeichnet diese Publikation in der Deutschen Nationalbibliografie.
Detaillierte bibliografische Daten sind im Internet über http://www.dnb.de/ abrufbar.

EIN BUCH DER EDITION MICHAEL FISCHER

1. Auflage 2021

Covergestaltung: Matto, Alexandra Wolf
Redaktion und Lektorat: Dr. Franziska Klorer
Layout und Satz: Alexandra Wolf

ISBN 978-3-86355-482-8

Gedruckt bei Polygraf Print, Čapajevova 44, 08001 Prešov, Slowakei

www.emf-verlag.de